DON CUPITT

NACH GOTT.

DIE ZUKUNFT DER RELIGIONEN

Aus dem Englischen übersetzt
von Hans-Joachim Maass

57 Gott entstand / begann mit der Möglichkeit, Gott in Frage zu stellen → Hiob und hartnäckige [illegible]

KLETT-COTTA

Die Originalausgabe erschien unter dem Titel
»After God. The Future of Religion«
im Verlag Basic Books, HarperCollins Publishers, Inc., New York

Printed in Germany
Schutzumschlag: Finken & Bumiller, Stuttgart
Gesetzt in der Concorde Roman 9,5 pt von
Hahn Medien GmbH, Kornwestheim
Auf säure- und holzfreiem Werkdruckpapier gedruckt
und gebunden von Clausen & Bosse, Leck
ISBN 3-608-94251-3

Die Deutsche Bibliothek-CIP-Einheitsaufnahme
Ein Titeldatensatz für diese Publikation ist bei Der Deutschen
Bibliothek erhältlich.

INHALT

EINFÜHRUNG

Dieses Buch skizziert eine Theorie von Geschichte und Zukunft religiösen Sinns. Ich habe es als Antwort auf das große kulturelle Ereignis geschrieben, das mein Leben beherrscht hat und vielleicht auch Ihres – nämlich den revolutionären Wandel des menschlichen Bewußtseins und den Zusammenbruch religiösen Sinns, der seit dem Ende des Zweiten Weltkrieges stattgefunden hat.

1952 verließ ich ein englisches Internat und schrieb mich an der Universität von Cambridge ein, um Naturwissenschaften zu studieren. Schon wenige Wochen später war ich zum Christentum konvertiert, und nach knapp sieben Jahren wurde ich zum Priester der anglikanischen Kirche geweiht.

Die fünfziger Jahre gelten allgemein und zu Recht als die allerletzten Jahre eines nach herkömmlichen Maßstäben einigermaßen überzeugten und gesicherten traditionellen religiösen Bewußtseins und einer ungebrochenen nationalen Identität. Ein Grund dafür ist, daß die Bandbreite der Wahlmöglichkeiten nach dem Krieg so gering war. Ein junger Mensch, der damals heranwuchs, konnte sich dafür entscheiden, entweder Christ und Humanist zu sein. Nach Hitler und Stalin lehnte man eine Modernisierung des atheistischen Humanismus vehement ab, und der vom Nützlichkeitsdenken bestimmte Humanismus derer, die für eine durch und durch geplante Gesellschaft eintraten, war zutiefst seelenlos. Einer ganzen Generation von Briten schien es klar zu sein, daß man sich für einen liberalen Konservativismus und den Anglikanismus zu entscheiden hatte, statt wie unsere Miteuropäer auf dem Festland christdemokratisch zu wählen oder sich wie die US-Amerikaner im Wohlstand der Eisenhower-Jahre zu sonnen.

Die wichtigsten intellektuellen Herausforderungen der Religion, die wir damals kannten, waren mit den Namen von Männern wie Freud, Sartre, Russell und Ayer verbunden. Wir hörten vom Verifikationsprinzip und diskutierten darüber. Es erklärte, daß Glaubensvorstellungen sinnlos seien, solange man sie nicht an Erfahrungen messen könne, aber das verwirrte uns kaum, da unser religiöses Bewußtsein sehr lebhaft war. Gott, Gnade, das ewige Leben und die unveränderliche Identität der unsterblichen Seele waren für uns vollkommen real. Wir lasen die Werke der Mystiker, besonders die der Mystiker des vierzehnten Jahrhunderts, und hatten dabei das Gefühl, bereits Bekanntes wiederzuerkennen. Ähnlich empfanden auch *wir*.

Doch die revolutionären Kräfte, die all das verändern würden, regten sich schon. Die ersten davon waren der preiswerte Massentourismus und die Massenmigration aus wirtschaftlichen Gründen. Als die Politiker die alten Kolonialreiche liquidierten, zog der Mangel an Arbeitskräften in Europa große Zahlen von Gastarbeitern aus der Karibik, Afrika und Asien an, was die Staaten des Westens zunehmend multiethnisch machte. Viele brachten ihren eigenen Glauben mit, was uns den Zusammenhang von Religion mit Sprache und kultureller Identität überdeutlich machte. So stellen wirklich monokulturelle Staaten heute eine große Ausnahme dar. In multikulturellen Staaten ist die Religion aber keineswegs eine Kraft, die inneren Frieden garantiert. Im Gegenteil: Überall auf der Welt kann man heute beobachten, daß die meisten Kriege heute Bürgerkriege und religiöse Unterschiede bei den meisten Konflikten ein bedeutsamer Faktor sind.

Die zweite Kraft war der schon beginnende Wandel hin zu einer Gesellschaft des Massenkonsums unter Führung der Medien und des rätselhaften Wandels der Moden. Ende der fünfziger Jahre wandte sich das Interesse von Intellektuellen (wie es sich beispielsweise bei Roland Barthes in *Mythen des Alltags* zeigt) Dingen zu wie Sprache, Kommunikation,

Zurschaustellung, Botschaftsübermittlung, Stil, Erscheinung und symbolischem Austausch. Seltsam: In dem alten religiösen Bewußtsein war »Identität« etwas Metaphysisches; jetzt wurde sie zunehmend zur »Corporate Identity«, keine Substanz, sondern etwas, das man plakatierte. Sogar die Wirklichkeit selbst wurde zunehmend zu einem Effekt, der durch die Bewegung äußerer Zeichen und in ihnen heraufbeschworen wurde. Die Trennungslinie zwischen Drama und Dokumentation, zwischen »Dichtung und Wahrheit« verwischte sich, und im Leben der Menschen begann die tägliche Aufnahme von Medienprodukten im Leben der Menschen die Stelle des Gebets einzunehmen.

Rückblickend finde ich es eigenartig, daß ich manchmal wochenlang nicht mit den Medien in Berührung kam, als ich noch um die Zwanzig war. Damals hielten viele Menschen täglich Verbindung zu Gott und dem Geist Gottes, statt sich wie heute durch die Medien mit dem Zeitgeist verbunden zu fühlen. Schriftsteller wie John Updike und Umberto Eco haben behauptet, wir seien in der modernen Medienkultur in Wahrheit ins Mittelalter zurückgekehrt: Damals habe die Kirche die imaginäre Welt geliefert, die jeder im Kopf mit sich herumtrug; jetzt hätten die Medien diese Aufgabe übernommen, und Stars und Prominente verkörpern die neuen Heiligen.

Drittens entwickelten sich in den fünfziger Jahren wissenschaftliche Fortschritte und neue Technologien mit großer Geschwindigkeit: eine standardisierte physikalische Kosmologie, Molekularbiologie, Computer, Weltraumraketen und Satelliten, Medizin und die helfenden Berufe. Dreißig oder vierzig Jahre später ist eine einzige weltweite Technik-Zivilisation mit großer Geschwindigkeit dabei, sich zu etablieren. Aus ihrer Sicht wirkt die Religion zunehmend wie ein ärgerliches Überbleibsel der Vergangenheit: eine Möglichkeit, die eigene eindeutige ethnische Identität auf lokale und traditionelle Weise zu symbolisieren, auszuleben und kämpferisch zu bestätigen, nämlich angesichts der drohenden Assimilation in die alles umfassende Anonymität der neuen Weltkultur. Inzwischen scheint die Religion sich überall zur Schlacht zu rüsten, um ein Rückzugsgefecht zu führen, das sie irgendwann zwangsläufig verlieren wird.

Heute scheint klar auf der Hand zu liegen, daß der religiöse Neo-Konservativismus der fünfziger Jahre nie mehr sein konnte als ein kurzes Zwischenspiel. In den sechziger Jahren wurde er schnell hinweggefegt. Wie war es möglich, daß das Gottesbewußtsein und eine stetige enge Verbindung mit Gott noch vor so kurzer Zeit so real gewesen waren, um dann so vollständig zu vergehen?

Das Problem stellt sich nicht allein Christen. In den neuen postmodernen Städten Süd- und Ostasiens mit ihren himmelstürmenden Wolkenkratzern hat die Vernichtung der Tradition ein atemberaubendes Tempo angenommen – und das alles geschieht ohne sichtbaren Widerstand oder Bedauern und innerhalb einer einzigen Lebensspanne. Es ist der vielleicht schonungsloseste und plötzlichste kulturelle Bruch in der ganzen Menschheitsgeschichte.

Die neue globale Technik-Kultur hat ein sehr naturalistisches Denken zur Folge. Die Welt wirkt wie ein Kommunikationsnetz. Alles ist offen, öffentlich, zugänglich, und alles befindet sich auf einer Ebene. Nichts geht in die Tiefe, und nichts läßt sich lange verborgen halten. Es gibt keine gesicherte Privatsphäre, weder in der Seele noch sonstwo: Die Welt der Zeichen ist ein fließendes Kontinuum auf einer Ebene ohne Außenseite und geheime Orte.

Gleichwohl behaupten die Menschen, es sei möglich, etwas von unserem traditionellen Glauben und unseren althergebrachten Wertvorstellungen in diesen fremdartigen neuen Lebensbedingungen zu bewahren. Die Religion, so verspricht man uns, könne überleben oder tue dies (1.) als Wertekanon oder (2.) im privaten oder häuslichen Bereich oder (3.) im Rahmen der individuellen Subjektivität oder (4.), wenn alle Stricke reißen, als Gegenkultur.

Diese vier Antworten haben eins gemeinsam: den Glauben, daß irgendeine Lebenssphäre sich abschirmen läßt und vor den zerstörerischen Auswirkungen der Postmodernität geschützt und unverletzlich gehalten werden *kann*. Dabei gehen wir von der Annahme aus, daß es uns möglich ist, eine letzte klare Trennungslinie zu ziehen, nämlich zwischen der Welt, wie sie ist, und der Welt, wie sie sein sollte – oder vielleicht zwischen dem Öffentlichen und dem Privaten, zwischen Objektivität und Subjektivität oder zwischen der herrschenden Kultur und der Gegenkultur. Nun hat sich aber Postmodernität als kultureller Zustand etablieren können, gerade weil diese Unterscheidungen ausgelöscht worden sind. Das Reich des Öffentlichen, das Meer von Sinninhalten, ist ohne Außenseite und endlos: Nichts ist festgefügt, nichts gesichert; alles bewegt und wandelt sich gemeinsam. Es umschlingt alles, darunter auch Werte, Privatleben, Individualität und Gegenkultur. Es gibt keine Möglichkeit, eine kleine Gruppe von Sinninhalten auszugliedern (Absolutes, Gewißheiten oder Grundlegendes) und diese unverändert zu bewahren. Im Gegenteil, wie die lange Geschichte religiöser Geheimlehren nur zu deutlich demonstriert, verfallen Sinninhalte und Wahrheiten sehr schnell zu schlichtem Unsinn, wenn sie nicht mehr herausgefordert und dem Blick der Öffentlichkeit entzogen werden. Um sinnvoll zu bleiben, muß sich eine Sprache frei entfalten können.

Von den vier Antworten ist die erste, *Religion könne in Gestalt von Werten überleben*, besonders mit den Politikern der Rechten verbunden, die in ihrer Eigenschaft als Wirtschaftsliberale die vehementesten Befürworter des freien Handels gewesen sind und für die Abschaffung von Devisenkontrollen und ähnlichem eingetreten sind. Weil sie nicht dabei erwischt werden wollen, daß sie unsere moralischen und religiösen Werte in Gefahr bringen, indem sie sie auf dem weltweiten Markt dahintreiben lassen wie unsere ökonomischen Werte, bemühen sie sich, einer extremen ökonomischen Liberalisierung im Verein mit sozialem und moralischem Konservativismus das Wort zu reden. Ökonomische Werte sollen das und nur das sein, wozu der offene Markt sie erklärt, aber moralische Werte seien angeblich etwas vollkommen anderes, etwas, das man von der Überlieferung annehmen und unverändert bewahren müsse. In den Vereinigten Staaten sprechen Politiker von Familienwerten oder der amerikanischen Lebensform, dem American way of life, in Singapur sprechen sie von asiatischen Werten und in Großbritannien von viktorianischen – und natürlich macht all dieses Gerede nicht den geringsten Unterschied, was das Schicksal der fraglichen Werte angeht. Moralische Werte leben in unserem täglichen öffentlichen Umgang haargenau so wie ökonomische Werte, und zwar mit ihnen; entweder sie schwimmen, oder sie gehen unter. Menschen auf der politischen Rechten sind sehr unlogisch, wenn sie nicht anerkennen wollen, daß in unserer Zeit *alles* auf einem freien, globalen Markt dahinzutreiben beginnt – nicht nur Geld und Preise, sondern auch linguistische Sinninhalte, religiöse Wahrheiten und moralische sowie ästhetische Werte.

Die zweite Antwort, *Religion könne im privaten oder häuslichen Bereich überleben*, bringt man vielleicht am engsten mit dem Beispiel des langen Überlebens des orthodoxen Judentums in Verbindung. Zuviel Gewicht kann man diesem Beispiel jedoch nicht beimessen. Das liegt zum Teil daran, daß die Juden selbst während der langen Jahrhunderte, in denen sie aus dem öffentlichen Leben in der Christenheit ausgeschlossen waren, eines erkannt hatten: daß es nur einen Weg gab, ihre Tradition am Leben zu erhalten, nämlich dadurch, daß sie ihre Sprache lebendig erhielten. Dazu mußten sie extrem bücherliebend, redselig und intelligent werden. Zum Teil liegt es auch daran, daß heute, unter dem noch stärkeren Druck der Postmodernität, selbst die Orthodoxen freimütig zugeben, daß sie durch Assimilation ebenso stark bedroht sind wie jede andere religiöse Gruppe. Die besonderen Eigenschaften, die ihnen in der Vergangenheit ihr Überleben ermöglichten, reichen heute nicht mehr aus.

Die dritte Antwort, *Religion könne als persönlicher Glaube in der Sphäre der individuellen Subjektivität überleben*, ist vor allem auf Luther und Kierkegaard zurückzuführen und darauf, wie moderne christliche Existenzphilosophen wie etwa Rudolf Bultmann sich bemüht haben, das Evangelium zu entmythologisieren. Luther unterschied zwischen dem Glauben, der geglaubt wird *(fides quae creditur)* und dem Glauben, *mit dem* er geglaubt wird *(fides qua creditur)*. Kierkegaard, der diesen Gedanken mit brillanter Klarheit entwickelt hat, sagt, das »Was«, das geglaubt werde, lasse sich grundsätzlich vollständig in das »Wie« des Glaubens zerlegen (beispielsweise auf den Schlußseiten seiner *Abschließenden unwissenschaftlichen Nachschrift zu den philosophischen Brocken*, 1846). Richtig verstandenes Christentum sei davon abhängig, was für ein Mensch man sei und wie man sein Leben ausgerichtet habe. Objektive Glaubensinhalte müßten dann nicht erwähnt werden. Diese könnten wegfallen, seien entbehrlich.

In neuerer Zeit hat Rudolf Bultmann in ähnlicher Weise die neutestamentliche Verkündigung entmythologisiert und in die Form des neutestamentlichen Verständnisses christlicher Existenz gekleidet. Diese beschreibt er als »*Entweltlichung*« des Menschen, als Abkehr vom Sichtbaren zum Unsichtbaren, als Freiwerden von »der Welt« als der Welt der Vergänglichkeit und des Todes. 1980–84 habe ich geäußert, daß im »christlichen Nicht-Realismus« (der Doktrin, daß religiöse Glaubensvorstellungen nicht so verstanden werden dürften, als würden sie übernatürliche Tatsachen festhalten, denn ihre wahre Funktion bestehe einfach darin, eine Lebensform hervorzubringen) noch eine weitere Version der gleichen Idee geäußert werde. Diese stieß auf zwei Probleme: Selbst gewöhnlichen Menschen fiel es schwer, sie zu verstehen, und für Kirchenführer war es somit so gut wie unmöglich; im Jahre 1984 und 1985 ging mir allmählich auf, daß das menschliche Selbst die Last nicht länger tragen kann, die diese Doktrin ihm auferlegt. Unser gesamtes Denken hängt von der Sprache ab. Aber Sprache ist geformt, und Wörter erhalten ihre Bedeutung in dem Hin und Her unseres normalen und öffentlichen Lebens. Somit kann die innere Welt des Denkens nicht der Ort sein, an dem alles beginnt. Was in meinem Kopf vorgeht, ist in keiner Weise wesentlich oder endgültig und auch nicht abgeschlossen: Ich bin nur eine lokale und ganz und gar abhängige zweitrangige Privatisierung von Teilen des allgemeinen Kulturstroms. Wir alle sind viel *leichter*, als es unserem Selbstbild entspricht, das man uns beigebracht hat. Noch vor einer Generation galt Individualität als eine schwierige Aufgabe und als Ursache tiefer ontologischer Besorgnis. Doch jetzt müssen wir lernen, ein glückliches und sorgloses Nichts zu sein, wie der Zufall es will.

Die vierte Antwort, *Religion und ewige Werte könnten auch in Gestalt einer Gegenkultur überleben*, wird besonders mit den verschiedenen New Age-Kulten, Fundamentalismen, charismatischem Christentum und anderen Bewegungen in Verbindung gebracht, die gegen das zu rebellieren versuchen, was aus der westlichen Kultur geworden ist, und dem auch entfliehen wollen. Es versteht sich aber von selbst, daß alle solche Bewegungen scheitern, ob sie nun von kalifornischen Propheten angeführt werden, von Päpsten oder Ajatollahs. In dem neuen Verständnis von Kultur als einem System von Zeichen und Symbolen, die in ständiger Bewegung begriffen sind, ist die Welt symbolischer Bedeutung, in der wir leben, ein ziellos dahintreibendes Kontinuum ohne Außenseite und ohne Halt. Alle Reaktionen dagegen müssen das Vokabular dieses Systems benutzen und sind somit ein Teil von ihm und werden von ihm verschlungen werden. Man kann nicht wirklich aussteigen. Es gibt keinen Ort, an den man sich begeben könnte. Der Protest gegen das System bleibt ein Teil des Systems.

Die letzte offenbarungsgläubige Illusion ist der Glaube, wir könnten durch einen Rückzug in ein eingezäuntes und privilegiertes Gebiet Erlösung finden: In einer persönlichen Spiritualität, einem lokalen Vokabular, einer ethnischen Gruppe oder einer traditionellen Gewißheit. Ein solcher Rückzug war in der Vergangenheit tatsächlich sehr häufig, aber heute wirkt er sich schädlich aus. Kulturelle, nationale und religiöse Identitäten wurden früher aus Unterschieden errichtet – durch Teilung und Ausschluß. Jedes *Wir* identifizierte sich stets als ein Anderssein als *Sie*. Die Sekte der Engelsbrüder ruhte stets auf einem festen Fundament der Fremdenfeindlichkeit: Genauso definierten Juden sich dadurch, wie sie sich von Nicht-Juden unterschieden. Ähnlich betonten Christen die Unterschiede gegenüber den Juden und die Moslems gegenüber den Christen. Langfristig hatte das folgendes Ergebnis: Je klarer sich irgendeine Gruppe von Menschen selbst definiert, um so mehr neigt sie dazu, sich von Feinden umgeben zu sehen. Instinkt und Pflichtgefühl geboten einem, bei der eigenen Gruppe zu bleiben. Etwa seit der Zeit Hegels ist jede Erneuerung und Bestätigung von Gruppengefühl und Gruppenidentität stets von einer gesteigerten Abneigung gegen Außenseiter begleitet gewesen. Je mehr Identität man besitzt, um so ethnozentrischer wird man, und um so weniger liebt man Fremde. Je orthodoxer man ist, um so mehr wird man eine Opfer-Psychologie entwickeln.

Um dieser Gefahr zu entgehen, werde ich vorschlagen, daß wir die Postmodernität annehmen sollten, wenn wir sie nicht schlagen können. Ich schlage eine umfassende Neudefinition der Religion vor, eine Neudefinition, die (um das christliche Vokabular zu übernehmen) die Religion näher an das Reich Gottes als an die Kirche heranführen wird, näher an die Bergpredigt als an jede Form orthodoxer Theologie, und welche die Religion auch mit einer sehr kurzfristigen Perspektive ausstatten wird. Anders als die säkularen Theorien der sechziger Jahre wird diese neue Definition die Religion »ästhetisieren«, nämlich in dem Sinn, daß sie religiöses Leben in Begriffen künstlerischer Praxis und symbolischen Ausdrucks sieht. In dieser neuen Definition ist religiöses Leben eine expressive, welterschaffende Tätigkeit, mit der wir zu uns zurückfinden und eine Art postumen oder retrospektiven Glücks finden können.

Unterdessen definiert das Wörterbuch *Religion* immer noch in Begriffen eines Offenbarungsglaubens. Viele werden einwenden, daß fast alle Menschen im Lauf der Menschheitsgeschichte im Rahmen eines magischen und religiösen Denkens gelebt haben und mit einer religiösen Weltsicht. Die Menschen haben an eine große Vielfalt unsichtbarer übernatürlicher Wesen und Mächte geglaubt, an Himmel und Hölle, an Götter, Geister und tote Seelen. Wenn ich all das einfach über Bord werfe und gleichwohl das Wort *Religion* beibehalte, habe ich eine Menge zu erklären. Warum mußten wir uns auf diesen Weg begeben? Warum haben wir die Mühsal all dieser Jahrtausende des Offenbarungsglaubens und mythischen Denkens auf uns genommen, bevor wir die einfache und auf der Hand liegende Wahrheit entdeckten? Warum ist die Erziehung der menschlichen Rasse einem so bizarren und gewundenen Weg gefolgt?

Diese Frage gibt uns das Thema des Buches. Wir brauchen eine Philosophie unserer Religionsgeschichte, die uns dabei hilft, mit unserer Vergangenheit ins reine zu kommen und von ihrer Tyrannei befreit zu werden. Vor allem müssen wir erfahren:

Erstens: Warum die Götter kamen. Warum haben sich Menschen überall auf der Welt gesehen, als wären sie von einem unsichtbaren Reich übernatürlicher Einflüsse, Geister und Götter umgeben? Und welchen *Zweck* hatte oder hat dieser Glaube? Es erscheint mir falsch, ihn einfach abzutun und zu sagen, er sei nichts weiter als ein bloßer Irrtum oder Aberglaube. (Wie Wittgenstein in einem anderen Zusammenhang einmal bemerkte: »Als Irrtum ist das zu groß«.) Wir brauchen eine bessere Darstellung von dem, was die Götter uns gelehrt haben und weshalb wir es auf andere Weise nicht lernen konnten, eine Darstellung, die man uns bisher schuldig geblieben ist.

Zweitens brauchen wir eine neue Theorie der Götterdämmerung. Wenn es sich tatsächlich so verhalten hat (wie ich behaupten werde), daß wir ursprünglich von den Göttern all unsere Ideen von einer schlüssigen, geregelten Ordnung der Dinge erhalten haben, von einem Kosmos, einer Herrschaft, von Souveränität, Recht, Eigentum an Grund und Boden, Werten, Individualität, Bestimmung und noch mehr, wie und warum haben sich die Götter dann irgendwann dieser Aufgabe entzogen und damit begonnen, sich von uns zu entfernen?

Ich habe mir vorgenommen, diese Fragen zu beantworten, und lege hier eine neue linguistische Theorie religiöser Praxis und religiöser Objekte vor. Sie läuft sehr kurz auf folgendes hinaus:

1. Wie sowohl Philosophie als auch Religion in der Vergangenheit gelehrt haben, gibt es tatsächlich eine ungesehene verständliche Welt oder Geisterwelt um uns und in uns.
2. Die unsichtbare Welt ist die Welt der Wörter und anderer Symbole.
3. Die gesamte übernatürliche Welt der Religion ist eine mythische Darstellung der Welt der Sprache.
4. Durch die Ausübung ihrer Religion stellt sich eine Gesellschaft selbst die verschiedenen Formen dar, in der ihre Sprache sich ihre Welt verschafft und sie bestätigt.

Dem liegt folgender Gedanke zugrunde: Wenn es mir gelingt, den Leser dazu zu bringen, diese Interpretation der Religion der Vergangenheit zu akzeptieren, wird er vielleicht nicht *ganz* so entrüstet sein, was meinen Vorschlag für die Religion der Zukunft betrifft.

Wie schon so oft zuvor bin ich verschiedenen Freunden und Kollegen wegen ihrer Kritik und Hilfe zu großem Dank verpflichtet. Unter ihnen sollte ich vor allem Hugh Rayment-Pickard und Linda Allen erwähnen und bei Basic Books John Donatich und Linda Carbone.

Cambridge, England
Dezember 1996

ERSTER TEIL

DAS KOMMEN DER GÖTTER

1 SEELEN, GEISTER UND GÖTTER

Die Sprache, in der der Offenbarungsglaube ausgedrückt wird, ist in den letzten paar Generationen nachlässig und träge geworden – und das so sehr, daß es den Anschein hat, als wären die Unterschiede zwischen einer Seele, einem Geist und einem Gott inzwischen verlorengegangen. Bis in moderne Zeiten hinein herrschten im größten Teil der Welt einigermaßen klare und allgemein anerkannte Standardvorstellungen von Seele, Geist und Gott. Zum besseren Verständnis der nachfolgenden Erörterungen muß ich sie dem Leser hier ins Gedächtnis zurückrufen.

Seele (hebräisch: *nephesh;* griechisch: *psyche*; lateinisch: *anima*) ist das Prinzip des biologischen Lebens, der Empfindung und Bewegung. Ein Tierkörper, der belebt oder beseelt ist, lebt und bewegt sich; aber ohne Seele ist er totes Fleisch. Die Seele wird meist mit dem Blut assoziiert (Blut = Leben = Seele) – so wie das Blut eines erschlagenen Mannes im Erdboden versickerte, glaubte man, daß zugleich seine Seele in die Unterwelt einging. Dort habe sie dann, so der Glaube, ein unglückliches und schattenhaftes Halb-Leben geführt, weil entleibte Seelen sich sehr schwach und nackt fühlten. Aristoteles zufolge besteht tatsächlich einiger Zweifel daran, ob eine körperlose Seele immer noch die Identität eines Menschen aufrechterhalten kann. Fest steht, daß die Seelen der Toten sich in den Werken des Paulus und anderer antiker Schriftsteller danach sehnen, »umgekleidet« zu werden oder in neuen Leibern wiederaufzuerstehen.

Nach dieser Ansicht ist die Seele einfach ein Teil der Natur. Sie scheint ein bloßes Überbleibsel zu sein, eine eher konkretisierende und vorwissenschaftliche Möglichkeit zu erklären, was biologisches Leben ist. In einer Reihe von Traditionen finden wir jedoch auch eine Neigung vor, die darauf abzielt, die Seele für übernatürlich und unsterblich zu erklären wie einen Geist. Soweit die menschliche Seele rational ist, sieht Platon sie, als wäre sie in seiner rein mit dem Verstand aufgefaßten Welt zeitloser, durch den Verstand erkennbarer Formen am meisten zu Hause, während Aristoteles sie sieht, als wäre sie ein Bestandteil der universalen und kosmischen Objektiven Vernunft. In ähnlicher Weise bekommt eine menschliche Seele Anteil an der göttlichen Natur, wenn sie Gott nahekommt. Diesen Gedanken finden wir im Neuen Testament (Im 2. Brief des Petrus, Kap. 1, Vers 4), während der britische Anthropologe E. E. Evans-Pritchard (1956, Seite 60 ff.) etwas sehr Ähnliches beschreibt, das sich völlig unabhängig davon unter den Nuer im Sudan entwickelt hat, nämlich in ihrer Vorstellung von *colwic*.

Geist (hebräisch: *ruach*; griechisch: *pneuma*; lateinisch: *spiritus*) unterscheidet sich dadurch von der Seele, daß er nicht sinnlich verkörpert ist. Er ist vielmehr aktive, frei handelnde übernatürliche Macht, oft beflügelt und fast immer rastlos beschäftigt; er überbringt Botschaften, verursacht Ärger, hilft, schikaniert und quält. Man beachte hier den offenkundigen großen Unterschied zwischen einem Gott und einem Geist: Während ein Gott typischerweise über dem Kosmos auf einer Bergspitze oder in einem Tempel thront, wo er verehrt oder angebetet wird und Recht spricht, wird ein Geist nur selten sitzend dargestellt, und Recht spricht er nie. Er ist zu *beschäftigt*. Er kommt und geht wie der Wind, mit dem er oft verglichen wird. Und er wird meist auch nicht angebetet. Im Gegenteil, viele Geister sind nicht einmal namentlich bekannt, sondern nur anonyme Mitglieder ausschwärmender »Heerscharen« wie etwa der himmlischen Heerscharen und der Legionen der Hölle (siehe beispielsweise Serres 1995).

Im Gegensatz dazu beachte man, daß so gut wie jeder Gott einen Namen hat, und Namen haben eine Menge zu bedeuten. Das hat seinen Grund im territorialen Verhalten der Götter. Sie sind Landherren, Herrscher, die entschlossen sind, dafür zu sorgen, daß ihre Völker auf ihren Territorien ihre geheiligten Namen kennen und respektieren. Die Götter beschäftigen zahlreiche Geister als Höflinge, die Besorgungen für sie erledigen. In der Regel beschäftigen Geister auf diese Weise aber keine anderen Geister.

Geister oder Mächte (griechisch: *dynameis*) können als Individualwesen auf vielfältigste Weise vergegenständlicht werden. Manchmal werden sie als nichts weiter abgebildet als Hände oder *ankh*-Symbole am Ende von Sonnenstrahlen: Im antiken Ägypten und in der spätbyzantinischen Theologie sind sie nicht-persönliche göttliche *Energien*, die sich in ihrer Tätigkeit kaum von Gott unterscheiden. Manchmal gilt das auch von der Gnade, *mana*, der Weisheit, dem Tao und den göttlichen Namen, die alle als eigenständige Wesen nur semipersonifiziert sind. Engel (= Boten) und Dämonen sind ein wenig stärker individualisiert – aber nach einigem Nachdenken wird jeder feststellen, daß man höchstens die Namen von fünf Engeln nennen kann, die von Teufeln wohl überhaupt nicht. In der alten jüdischen Literatur findet man Listen mit vier oder manchmal sieben großen Erzengeln; aber wir erinnern uns nur dann an den Namen eines Engels, wenn uns eine Geschichte einfällt, in der er eine besondere Aufgabe erfüllt. Was Dämonen angeht, scheinen sie keine stabilen Identitäten zu haben.

Geister gehen mit Menschen fünf Haupttypen von Beziehungen ein. Eine Metapher, die des Ausgießens oder der Einflößung, erweckt den Eindruck, daß Geist wie eine Flüssigkeit ist, die Gott den Menschen einflößt, bis sie vom Geist *erfüllt* sind. Im übrigen kann ein Geist *Hüter* eines Menschen sein, ihn *anregen*, ihm *innewohnen* oder von ihm *Besitz ergreifen*.

Manche Geister scheinen hauptsächlich oder sogar ausschließlich als Figuren in geistlichen Geschichten zu existieren. Sie werden manchmal mythische Wesen genannt, archetypische Gestalten, die archetypische Taten vollbracht haben. Um einem solchen Wesen nahezukommen, muß man sich mit ihm identifizieren oder seine oder ihre Persona in einer rituellen Dramatisierung des Mythos annehmen; und auf diese Weise kann man durch eine große Lebenskrise oder einen bestimmten Lebensübergang geleitet werden.

Indem viele Geister uns auf diese Weise mit archetypischen oder Standard-Mustern beliefern, denen wir folgen können, sind sie eher wie pittoreske Versionen der platonischen Ideen. So »verkörpern« die Musen die verschiedenen Künste, während Schutzgeister auch die Orte und Nationen »verkörpern«, die sie beschützen, und Totems »verkörpern« die verschiedenen Tier- und Pflanzenarten. Überlebensgroße Jungfrauen »verkörpern« die Tugenden, Dämonen »verkörpern« verschiedene Krankheiten, während andere Geister kosmische Bereiche wie etwa den Himmel und die Erde erfüllen und aktivieren, und so weiter. Wie Claude Lévi-Strauss in bezug auf Totems gezeigt hat, erkennen wir bei der Betrachtung der Gesamtheit der ganzen Bandbreite von Geistern, an die ein Mensch glaubt, daß sie eine wichtige erkenntnistheoretische Funktion erfüllen. Diese Geister insgesamt klassifizieren die Umgebung, sie strukturieren die Welt. Das ganze System lehrt uns, verschiedene natürliche Arten und Merkmale der Welt mit Hilfe von Persönlichkeiten oder Verkörperungen zu erkennen, die nicht nur denkwürdig sind, sondern auch angemessene Reaktionen und Verhaltensweisen vorschreiben. Kurz, die Geister sind den Ortsnamen einer Karte hügeligen Landes sehr ähnlich: Sie machen die Welt interessanter und überwindbar.

Wenden wir uns der nächsten Frage zu. Was ist ein *Gott*, und wie unterscheiden sich Götter von Geistern? Dieser Unterschied ist nicht so klar wie der zwischen Seele und Geist, und das hauptsächlich aus historischen Gründen.

Das antike Ägypten illustriert das Problem sehr treffend.

Als sich im Neolithikum die Landwirtschaft ausbreitete, fühlten sich viele verschiedene Völker, Stände und Clans zu dem fruchtbaren Niltal mit seinem Delta hingezogen. Sie kamen, siedelten sich an und brachten ihre Götter mit. In diesen sehr frühen Zeiten war ein »Gott« die Art Wesen, das man mit vielfältigen Bezeichnungen belegen und etwa als Maskottchen bezeichnen könnte, als Stammesfetisch, als Clan-Gottheit, als Symbol der Gruppensolidarität oder als Totem-Vorfahren in Tiergestalt, so etwas wie der heutige russische Bär oder der neuseeländische Kiwi.

Während der prädynastischen Periode entwickelte sich ein vereinigter ägyptischer Staat mit seinem Religonssystem nach und nach aus diesem Zoo menschlicher Clans und ihrer tierischen Schirmherren. Allmählich glichen sich die Schirmherren einander an. Wie ihre menschlichen Anhänger gaben die Gottheiten ihre Wanderschaft auf und wurden seßhaft. Sie nahmen sogar ein fast menschliches Erscheinungsbild an, als sie in steinernen Tempeln residierten, wo ihnen ihre Priester tägliche Gottesdienste darbrachten. Nach und nach wurde das ganze Land politisch unter den Pharaonen, theologisch unter der Oberaufsicht des Sonnengottes Ra (mehr oder weniger) geeint. Dieser war auch der persönliche Gott und symbolische Vater des Pharao.

Diese komplexe Geschichte erklärt, warum fremde Intellektuelle von Herodot bis Freud so viele verschiedene Dinge über die ägyptische Religion haben sagen können: nämlich daß die Ägypter Tiere anbeteten, daß sie siebenhundert Götter hätten, daß es aber gleichwohl die Ägypter gewesen seien, die den Juden den Monotheismus brachten, nämlich auf dem Weg über diese Gestalt mit dem verdächtig ägyptisch klingenden Namen Moses. Die gleiche Geschichte macht auch verständlich, weshalb der Begriff *Gott* eine so unangenehm große Bandbreite von Wesen umfaßte, und erklärt auch, warum Theologen es mit einer zu großen Vielfalt von Göttern zu tun haben. Aus historischen und traditionellen Gründen müssen sie behaupten, daß die antike – und, wie es den Anschein hat, ursprünglich tiergestaltige – Clan-Gottheit, der Mächtige in Jakob (1. Buch Mose, Kap. 49, Vers 24) ein und dasselbe Wesen sei wie der Gott des Thomas von Aquin und der Gott der Gläubigen von heute. (In der englischen Bibel heißt es »durch den Bullen Jakobs«. Um diese peinliche Wahrheit zu verbergen, hat man sich darauf geeinigt, an der genannten Bibelstelle ebenfalls vom »Mächtigen« in Jakob zu sprechen.)

Unsere Überlieferung ist so alt und hat sich so weit von ihren Ursprüngen entfernt, daß schon das Wort *Gott* vage und unbestimmt geworden ist. Es hat eine zu große Vielfalt von Verwendungsmöglichkeiten angenommen. Um der Erörterung in diesem Buch willen schlage ich vor, die Definition von *Gott* erheblich straffer zu fassen. Dazu gehört eine Rückkehr zum Kerngebrauch des Worts, das in der Antike sehr gut verstanden wurde.

In diesem Kerngebrauch des Worts war ein Gott vor allem ein *Herr*. Er war kein frei umherstreifender Naturgeist, der ständig unterwegs war, sondern eine eher menschenähnliche Gestalt, die im Herzen der antiken Stadt in einem steinernen Tempel auf einem Thron saß. Er war von einem Hof von Geistlichen umgeben und stand im Mittelpunkt eines ausgeklügelten täglichen und alljährlichen Gottesdienstes. Der Kalender der Feiertage hatte etwas mit den Daten des Landwirtschaftsjahres zu tun. Er war eine höchst individuelle persönliche Präsenz mit einem Namen, der geheiligt wurde, und ein Sprecher, der seinen Willen kundtat und Recht sprach. Das Territorium, das seiner Jurisdiktion unterstand, und die Menschen, mit denen er verbunden war, machten zusammen seinen Herrschaftsbereich aus. Tatsächlich bestand seine Rolle darin, das heilige Volk an das heilige Land zu binden und an die alljährlich wiederkehrenden Aufgaben in der Landwirtschaft. Er war sogar der erste Großgrundbesitzer und *Rentier*. Er war der erste Steuereinnehmer, da der

Zehnte, der Tribut, der in Naturalien an den Tempel gezahlt wurde, in dessen Lagerräumen und Kornkammern aufbewahrt wurde. Das war ursprünglich vielleicht angeordnet worden, weil das Saatgut des nächsten Jahres unbedingt heilig gehalten werden sollte und weil der landwirtschaftliche Überschuß in jedem Fall nötig war, um den Kult zu erhalten.

Ich vertrete die Ansicht, daß die alten Mythologien zu Recht davon berichtet haben, daß die Götter die ersten Könige gewesen seien, die ersten Gutsherren und die erste Oberschicht. Man kann auch mit Recht behaupten, daß der Glaube an Götter dieses Kerntypus sich in der Zeit nach 7500 v. u. Z. langsam entwickelte, als die Zeit des Ackerbaus und der festen Siedlungen begann. Die Götter verkörperten und *waren* auch einfach die übermächtigen Konzentrationen heiliger Autorität und disziplinarischer Macht, die nötig waren, um die ersten Staatsgesellschaften zu entwickeln. Einfach ausgedrückt: Ein Nomade ließ sich nur zu einem Staatsbürger machen, indem man ihm die Furcht vor einem Gott einpflanzte.

Der Philosoph Thomas Hobbes erkannte zu Recht, daß der Staat etwas Fundamentales und Unübertreffliches an sich hat, als er ihn als Leviathan bezeichnete, einen »sterblichen Gott«. Der Gott war das, was nötig war, um die ersten Staatsgesellschaften zu erschaffen und all die neuen Institutionen, die sie erfordern würden. Aus diesem Grund ist theistische Religion so oft *etablierte* Religion. Der Thron des Gottes war der Mittelpunkt, auf den der Staat ausgerichtet war. Göttliche Autorität war die Quelle aller späteren Formen staatlicher Autorität; der Bereich des Heiligen war der erste öffentliche Raum, und der Gottesdienst war die erste Form des öffentlichen Dienstes.

Die alte Verbindung zwischen dem Bereich des Heiligen und dem öffentlichen Bereich hielt sich bis zur Zeit der Aufklärung; doch dann forderten die ersten Theoretiker der liberalen Demokratie, daß man diese beiden Bereiche trennen sollte. Sie setzten sich mit ihrer Ansicht durch – doch dafür haben sie uns eine Welt hinterlassen, in der Religion zunehmend privatisiert, der Staat vermarktet und Gott problematisch ist.

2 WARUM GEISTER?

Geisterglauben findet man in allen oder fast allen menschlichen Gesellschaften. Er tritt in verschiedenen Formen auf, aber im typischen Fall scheint ein Geist ein unsichtbarer, quasimenschlicher Handelnder zu sein, den man sofort und fast instinktiv als Urheber eines plötzlichen, eigentümlichen und unerwarteten Ereignisses benennt. Wir neigen besonders leicht dazu, sofort von Geistern zu sprechen, wenn das fragliche Ereignis direkte Folgen für das Wohl oder Wehe eines Menschen hat. Dann verziehen wir das Gesicht und sagen, wir müßten »jemanden da oben« erfreut oder gekränkt haben.

Selbst Menschen, die für gewöhnlich denken, wir könnten unsere Gedanken für uns behalten, gehen interessanterweise gleichwohl davon aus, daß Geister in uns lesen könnten wie in einem offenen Buch. Diese Wesen könnten jederzeit zu uns herniederfahren, und es gebe keine Möglichkeit, sie draußen zu halten. Tatsächlich kann fast jede körperliche oder seelische Erschütterung dem Handeln eines Geistes zugeschrieben werden. »Gesundheit!« sagen wir, wenn jemand niest. Man glaubt, daß Geister in unser Seelenleben eindringen, um dort unsere Gedanken zu inspizieren, sich mit ihnen zu vermengen und uns nach Belieben zu manipulieren, es sei denn, das Handeln irgendeines größeren und mächtigeren Geistes tritt ihnen entgegen. Zauberer, Magier und Exorzisten sind religiöse Profis, denen zugetraut wird, eine Macht zu Hilfe zu nehmen, um eine andere zu vertreiben. In diesem Zusammenhang sollte man beachten, daß Geister so etwas sind wie Männchen im Tierreich in der Brunftzeit: Sie lieben es, sich miteinander zu messen, um so festzustellen, wer von ihnen der Stärkste ist.

Aber warum sollte jemand etwas von all dem glauben? Warum fühlen sich Menschen so stark zu Glaubensvorstellungen hingezogen, die so verwirrend und fragwürdig sind?

Eine sehr beliebte Antwort war eine klassische Feststellung von Edward B. Tylor (1871), die in neuerer Zeit von Robin Horton (1970) und Stewart Elliott Guthrie (1993) wiederholt worden ist. Sie lautet etwa wie folgt: Weil wir so hochgesellige Geschöpfe sind, sind wir so stark dafür anfällig, für Ereignisse zunächst persönliche Erklärungen zu suchen. Im täglichen Leben haben wir die Gewohnheit, unsere soziale Umgebung sehr aufmerksam im Auge zu behalten, uns kleine Zeichen und Hinweise zu merken und daraus Hypothesen über das Tun und Lassen anderer Menschen aufzustellen (oft sind es *erzählende* Hypothesen). Auch ihre Gedanken und Gefühle uns gegenüber nehmen wir unter die Lupe. Wir müssen erfahren, was vorgeht, wo wir stehen, worauf wir achten müssen und wo wir in den Augen anderer stehen. Nicht viele von uns können sich einer wissenschaftlichen Ausbildung rühmen, aber wir besitzen fast alle sehr empfindliche Antennen zum Aufspüren selbst der Nuancen von Gefühlen, die uns andere Menschen entgegenbringen. Und angesichts der Bedeutung und der Nützlichkeit des Gebrauchs dieser Antennen in unserer sozialen Umgebung überrascht es nicht im mindesten, daß wir auch den Versuch machen, sie bei der Deutung von Vorgängen in der natürlichen Umwelt zu nutzen. Wir setzen sie sogar in unserem Seelenleben ein als Zeichen der Tätigkeit oder der Einstellungen, die uns unsichtbare und quasi persönliche Lebewesen entgegenbringen.

Daher Religion. Für Tylor ist Religion nichts weiter als Animismus. Horton betont die strukturellen Ähnlichkeiten des traditionellen Denkens, das seltsame Geschehnisse als das Handeln von Geistern begreift, mit der Art und Weise, wie wissenschaftliches Denken die gleichen Ereignisse in Begriffen des Wirkens unpersönlicher Gesetze zu erklären versucht. Horton behauptet, Animismus sei intellektuell nicht willkürlich oder beliebig; immerhin sei er ein Streben nach Erklärungen. Sobald wir eine gute erzählende *Erklärung* haben, besteht für uns auch gute Aussicht, entsprechend und angemessen *zu handeln*. In ähnlicher Weise betont auch Guthrie, der Animismus sei nicht total unlogisch, obwohl er gleichzeitig darauf beharrt, alles religiöse Denken sei anthropomorph. So kann beispielsweise ein Mann, der auf der Grundlage einiger weniger unklarer Hinweise zu dem Schluß kommt, daß »sie« hinter ihm her sind, und entsprechende Vorsichtsmaßnahmen ergreift, in Wahrheit vielleicht nie erfahren, daß er sich irrt. Ebensogut ist denkbar, daß er mit seinem Verdacht recht hat. Ein Hauch von Überempfindlichkeit, ob man nun auf der Seite des Optimismus oder des Pessimismus irrt, kann sich durchaus als vernünftige Wahrnehmungsstrategie erweisen. Wie es so schön heißt: »Vorsicht ist besser als Nachsicht.«

Überdies glauben die meisten Menschen, was sie »Leben« nennen, solle und müsse einen Sinn haben; und mit *Sinn* meinen sie eine umfassende erzählende Erklärung in persönlicher und zielgerichteter (oder teleologischer) Form. Überdies halten sich die Menschen für absolut fähig zu wissen, worum es im Leben geht, und auch für berechtigt, alles zu wissen. So sehr sind sie davon überzeugt, es gebe eine große Antwort und sie hätten ein Recht zu erwarten, daß man sie ihnen bekanntgibt. Jede nur denkbare Neuigkeit – ob gut oder schlecht –, über das, was hinter den Kulissen tatsächlich vorgeht, ist ihnen hochinteressant und willkommen. Ist das nicht der Grund, weshalb wir alle einen so unersättlichen Appetit auf Insider-Geschichten, Enthüllungen und Verschwörungstheorien haben? Und wenn es stimmt, daß das tiefste intellektuelle Verlangen der Menschen diesem Ding namens Sinn gilt, folgt daraus, daß die Menschen ganz allgemein in der Wolle gefärbte Animisten sind. Sie sind überzeugt, daß alles einfach einen Sinn haben muß und daß es deshalb auch jemanden geben muß, für den alles etwas bedeutet, jemanden,

Für Mensch muss alles
einen Sinn haben

der aufgrund dessen selbst etwas bedeutet und uns verschiedene erkennbare Hinweise gibt.

Für Guthrie ist Religion folglich purer Anthropomorphismus, also die Vorstellung von einem Gott in Menschengestalt; und weil religiöse Glaubenssysteme sich daranmachen, die stärksten all unserer kognitiven Forderungen zu erfüllen, und weil sie sie auf eine Weise erfüllen, die nicht total irrational ist, kann es auch nicht überraschen, daß wir in allen Zeitaltern mit viel Religion auf Schritt und Tritt zu tun haben. Tylor fügt an diesem Punkt (in seinem ersten Band, S. 133 ff.) eine verdientermaßen berühmte Erörterung hinzu, nämlich wie es möglich sei, daß Glaubenssysteme, die so gut wie keine Wahrheit enthielten, so mühelos fast ewig überleben könnten.

Tylors Erklärungen sind etwa im Fall der Astrologie sehr zutreffend, die heute noch blüht und gedeiht, und das noch drei- oder vierhundert Jahre nachdem sie durch das Aufkommen der wissenschaftlichen Astronomie schließlich über den Haufen geworfen worden ist. Der Fall der Astrologie legt jedoch auch ein Gegenargument nahe. Die Astrologie hat nämlich tatsächlich Ähnlichkeit mit einer Religion, aber die okkulten Kräfte, deren Wirken sie voraussetzt, sind nicht persönlicher Natur. Wie auch im Fall vieler anderer moderner alternativer Glaubenssysteme und Therapien sowie im Fall nichttheistischer Religionen wie etwa dem Dschainismus und dem Buddhismus scheint es tatsächlich möglich zu sein, daß es ein System gibt, das, ohne anthropomorph zu sein, zumindest etwas von dem Sinn liefert, nach dem die Menschen suchen.

Es gibt noch ein weiteres Argument: Selbst wenn ein großer Teil modernen Geisterglaubens anthropomorph ist, scheint der Geisterglaube aber so nicht begonnen zu haben. Moderne Engel mögen zwar anthropomorph und kuschelig sein, aber Cherubim waren einst furchterregende geflügelte Löwen und Seraphim geflügelte Schlangen. In der grauen

Vorzeit glaubten die Menschen wahrscheinlich an Geister; doch ihr Glaube war wahrscheinlich *nicht* anthropomorph, da Ideen von der menschlichen Persönlichkeit und menschlicher Psychologie noch sehr unentwickelt waren. Ganz im Gegenteil, die ersten Gestalten mit einer breiten Vielfalt verschiedener und ganz eindeutiger Persönlichkeiten waren nicht Menschen, sondern Götter – beispielsweise die Götter des antiken Ägypten. Und woher hatten die Götter ihre so eindeutigen Persönlichkeiten? Nicht von *uns*, sondern von den Tieren, die sie einst gewesen waren! Es ist eine komische und paradoxe Tatsache, daß Tiere einen ausgeprägten, individuellen Charakter hatten, bevor wir so weit waren – und daran knüpft sich eine Geschichte.

Die ersten ausgesprochen modernen Menschen erschienen vor etwa 50 000 Jahren. Sie waren Jäger und schufen von Anfang an Kunstwerke. Und die Zeugnisse ihrer Kunst lassen vermuten, wie jedermann weiß, daß sie aus offenkundigen praktischen Gründen die Unterschiede zwischen verschiedenen *Tierarten* weit aufmerksamer beobachteten als die Unterschiede zwischen einzelnen *Menschen*. Tatsächlich sind eindeutig individualisierte menschliche Gesichter vor der Eisenzeit in der Kunst so gut wie unbekannt – mit der einzigen Ausnahme bestimmter königlicher Hoheiten der 18. Dynastie Ägyptens wie etwa Königin Teje und vielleicht Nofretete – aber wir sollten nicht vorgreifen. Der entscheidende Punkt ist nicht nur, daß wir uns Tiere sehr genau angesehen haben, als wir noch längst nicht gelernt hatten, uns selbst genau zu betrachten, sondern, und das in weit stärkerem Maße, daß *das Allgemeine viel älter ist als das einzelne*, da die Art älter ist als das Individuum. Was der Künstler des Jungpaläolithikums an die Höhlenwand zeichnete, war kein Porträt eines bestimmten Steinbocks, Keilers oder Bisons, sondern ein Bild der Art – des Steinbocks, des Keilers, des Bisons. Wie wir sah der Künstler das einzelne Tier nicht als Individuum, sondern als Teil einer Art. Es war die Art oder Gattung, deren normales Erscheinungsbild und Verhalten aufmerksam studiert werden mußten. Wenn man sich auf die Jagd begab, mußte man das Bild der Art im Hinterkopf behalten, bis es den Jäger zu einem individuellen Exemplar der Art führte, der Beute. Die Art ging dem individuellen Mitglied der Art voraus, und die Art wird ewig weiterexistieren, wenn man das bestimmte Individuum, an das man sich gerade heranpirscht, längst erlegt und aufgegessen hat. Individuen kommen und gehen, aber die Art bleibt.

Steven Mithen hat interessanterweise gemeint (in Renfrew und Zubrow 1994), die menschliche Intelligenz des Jungpaläolithikums sei weit bereichsspezifischer gewesen (oder vielmehr: es zunächst gewesen) als bei uns üblich. Das geistige Leben in der Steinzeit, sagt er, sei »modular« gewesen. Damit meint er, die Menschen hätten zwar beträchtliche Fertigkeiten auf bestimmten Gebieten entwickelt – bei der sozialen Interaktion, der Herstellung von Werkzeugen und bei naturgeschichtlichen Kenntnissen, um die wichtigsten zu nennen –, diese Bereiche seien zunächst aber evident und ausgeprägt gewesen. Es habe keinen besonderen biologischen Druck gegeben, sie miteinander zu verschmelzen. Jedoch meint Mithen, die Menschen hätten mit dem Übergang zum Jungpaläolithikum ihre verschiedenen kognitiven Fähigkeiten so zu verbinden begonnen (zumindest scheint er dies zu implizieren), als habe sich damit erstmals ein einheitlicheres geistiges Leben herausgebildet, ein Gefühl von Individualität und eine Weltsicht.

Vor diesem Hintergrund erhält man einen Eindruck von der Funktion des frühen Glaubens an das Totem, die Clan-Gottheit und den Tiergeist. Vor dem Aufkommen der Philosophie war es nicht leicht zu erfassen, was die *Art* oder der umfassende Begriff ist, wofür der Gattungsname oder der Name der Art steht und wie er die vielen in einem Begriff zusammenfaßt. Bis zum heutigen Tag benutzen wir verschiedene Mitgliedsplaketten – die oft eine Tier- oder Pflanzenart als Symbol aufweisen –, um uns unsere gemeinsame Mitgliedschaft in einer Gruppe vor Augen zu führen. Das Abzeichen oder Maskottchen ist ein Zeichen des Allgemeinen. Wir benutzen immer noch das Wort *Geist*, wenn wir über moralische Eigenschaften, abstrakte Ideen und dergleichen sprechen, um unseren Worten etwas mehr Nachdruck zu verleihen, etwa wenn wir vom Geist des Verzeihens sprechen, dem Teamgeist, dem Geist von Weihnachten, und so weiter. Ähnlich läßt sich auch leicht erkennen, wie es Jägern dabei geholfen haben wird, sich die von ihnen gejagten Tierarten konkret in Form von Geistern oder Totems vorzustellen, die sie sich bei der Suche sozusagen vor Augen halten konnten. So ist der Rentiergeist das große und beispielhafte Rentier, der Urahn aller einzelnen Rentiere, der alle Rentier-Bewegungen beherrscht und die Jäger vielleicht auf die richtige Fährte führt. Kurz, der Rentiergeist ist eine pittoreske Art, sich die *Idee* »Rentier« vorzustellen, den Namen der Art, den Gattungsbegriff.

In seiner klassischen Erörterung dieses Themas zitiert Claude Lévi-Strauss den Philosophen Henri Bergson, der die Auffassung vertrat, »daß der Mensch eine Tier- oder sogar Pflanzengattung, zuweilen ein einfaches lebloses Objekt mit einer Verehrung behandelt, die fast an Religion grenzt«. Warum? »Einen Menschen erkennen besteht darin, daß man ihn von anderen Menschen unterscheidet; aber ein Tier erkennen heißt gewöhnlich, sich über die Gattung Rechenschaft abzulegen, zu der es gehört ... Mag ein Tier noch so viel Konkretes und Individuelles an sich haben, es erscheint dem Wesen nach als eine Eigenschaft, dem Wesen nach auch als ein Gattungsbegriff.« (Lévi-Strauss 1997, S. 121 f.) Bergson schreibt, als wäre er der Meinung, es würde uns irgendwie leichtfallen, erst die Gattung wahrzunehmen. Dem ist jedoch nicht so: Die prähistorischen Jäger und Sammler befanden sich in einer Lage, in der sie nur dann überleben konnten, wenn sie der Umwelt genügend Nahrung abgewannen. Es konnte ihnen nur dann gelingen, Wild oder eßbare Pflanzen zu finden, wenn sie sehr sorgfältig auf die Art achteten – ihre äußere Erscheinung, ihre Gewohnheiten, ihren Standort, ihren jährlichen Wachstumszyklus und so weiter.

Es war also folglich eine unerbittliche, antreibende biologische Notwendigkeit, die den Rentiergeist als eine Art Gedächtnisstütze schuf, eine Möglichkeit, die Aufmerksamkeit aller eher auf die Art als auf das Individuum zu lenken. Tausende von Generationen dieser Disziplin haben uns die Überzeugung eingepflanzt, das Allgemeine sei dem Besonderen logisch übergeordnet sowie realer und dauerhafter, eine Überzeugung, die Platon in die westliche Philosophie eingefügt und die sich bis in die heutige Zeit erhalten hat. Selbst heute noch ist es ein typisches Merkmal konservativen Denkens, den Individualismus zu beklagen.

In der Kunst des Paläolithikums zeigt sich die Suche nach dem Wesenskern der Art am deutlichsten in dem Bemühen des Künstlers, die charakteristischen *Bewegungen* eines Tiers einzufangen und zu kristallisieren. Und diese intensive Konzentration auf die Unterschiede zwischen verschiedenen Arten wirkte sich viel später auf das Aufkommen der Psychologie aus. Denn als im Niltal zahlreiche Clans und Stämme sich zusammentaten, um den ägyptischen Staat zu bilden, vereinten sie auch ihre verschiedenen tiergestaltigen Clan-Gottheiten. Die Kulturwelt des Menschen wurde sehr viel größer und komplexer, als fortan Menschen und Götter in dauerhaften Häusern lebten. Es überrascht nicht, daß die Götter dann Menschengestalt annahmen. Sie behielten aber aus mancherlei Gründen ihre alten Tierköpfe und mehr als nur ein wenig von ihrer alten animalischen Natur – weshalb wir bis zum heutigen Tag den Charakter von Menschen in Begriffen tierischer Vorbilder sehen. So sind Menschen etwa raubvogelartig, schweinisch, wölfisch oder affig; sie sind Schlangen, Schakale oder Schmusekatzen. Ein Volk in Malaysia, die Ma'Betisék, bestätigen die komplexe Wechselbeziehung zwischen Menschen und Tieren auf höchst interessante Weise. In verschiedenen Teilen ihres Glaubenssystems halten sie daran fest, daß wir von Tieren abstammen, die Tiere aber auch von uns (Karim 1981).

Im Verlauf der Jahrhunderte haben wir immer mehr vergessen, welche herausragende Rolle Tiere einst im religiösen Denken spielten. Aber in Kapitel 32 des 2. Buches Mose macht Aaron ein in Gold gegossenes Stierkalb. Von den Menschen wird gesagt, sie seien bereit gewesen zu glauben, daß das Kalb ein Bild des Gottes sei, der sie aus Ägypten hinausgeführt habe. Und in der hebräischen Fassung des 1. Buches Mose (Kap. 49, Vers 24) wird Gott sogar als der Stier in Jakob bezeichnet.

Ferner wurde die archaische Geisterwelt im Lauf der Geistesgeschichte von Platon in seine verständliche Welt allgemeiner Ideen oder Formen umgewandelt. Noch später wurde Platons jenseitige Welt von Kant in eine Ordnung von Begriffen im Geist verwandelt, und diese Ordnung wiederum wurde in der modernen Philosophie (in den dreißiger Jahren) in das Vokabular unserer Sprache umgewandelt. Wenn wir jetzt diesen langen und komplexen Prozeß in einem Zeitraffer betrachten, sehen wir aus unserem heutigen Blickwinkel, daß die magische übernatürliche Welt der Religion von Anfang an eine mythische Vorstellung von der Welt der Sprache war.

So erweisen sich entmythologisierte Geister als allgemeine Wörter, und die ungeheure Macht der Geisterwelt über die Welt der sinnlichen Erfahrung erweist sich als die ungeheure Macht der Sprache, die Realität zu formen, zu ordnen und zu klassifizieren. Wörter sind die Dämonen, die so leicht aus der äußeren Welt in die innersten Gedanken eines Menschen schlüpfen und diesen so tief verstören, und Wörter sind die geflügelten Boten, die man ausschickt, um den verschiedensten Zielen zu dienen. Wörter sind unsichtbare öffentliche Objekte, die auch jetzt, während ich schreibe, wie schwärmende Geister in ihrer Vielzahl um mich herum schweben.

Sprache ist die übernatürliche Macht, die uns aus der Natur herausgerufen hat.

Die These, die übernatürliche Welt der Religion sei eine metaphorische – und sogar eine mythische – Vorstellung von der Welt der Sprache, mag seltsam erscheinen. Doch die Analogie zwischen Wörtern und Geistern ist äußerst groß.

Im Alten Testament – und anderswo zweifellos auch – kann ein »Wort« ein individuelles Wort sein, ein Satz, eine Botschaft oder ein einzelner vollständiger Akt des Sprechens, etwa eine Prophezeiung, eine Drohung, ein Segen, ein Fluch, ein Versprechen oder ein Gebot. Gottes Worte stellt man sich als aktive Mächte vor. Sie erinnern uns über ihre Beziehung zu Gottes Atem an Geister:

Der Himmel ist durch das Wort des Herrn gemacht
und all sein Heer durch den Hauch seines Mundes.
(Ps 33,6)

Gottes Wort reist unermüdlich umher, wie eine Rakete mit einem Wärmesucher, bis es sein Ziel findet:

Denn gleichwie der Regen und Schnee vom Himmel fällt
und nicht wieder dahin zurückkehrt, sondern feuchtet
die Erde
und macht sie fruchtbar und läßt wachsen,
daß sie gibt Samen, zu säen, und Brot, zu essen,
so soll das Wort, das aus meinem Munde kommt, auch sein:
Es wird nicht wieder leer zu mir zurückkommen,
sondern wird tun, was mir gefällt,
und ihm wird gelingen, wozu ich es sende.
(Jesaja, 55,10ff.)

Im Alten Testament scheint somit ein Wort – und besonders ein prophetisches Wort, das den göttlichen Willen kundgibt –

schon etwas zu sein, was einem Beauftragten eines Geistes sehr ähnlich ist, einem Boten, einem Engel oder Priester.

Im christlichen Denken wird Gottes ewiges Wort tatsächlich zu einer Person, einem Menschen, der in der Zeit lebt. Schon vor Ewigkeiten im Herzen Gottes gezeugt, wird er in die Welt hinausgeschickt, um unter uns Menschen zu leben und zu sterben. Das Wort des menschgewordenen Gottes verwandelt sich dann wieder in Wörter, das geschriebene Wort Gottes *(Verbum dei incarnatum, Verbum dei scriptum)*; und im christlichen Ritual hat man die Evangelien nach alter Überlieferung so behandelt, als wären sie Christus. Eine Botschaft wurde also zu einem ewigen Geist, der zu einem Menschen wurde, der zu einem Text wurde, der wiederum einen Menschen symbolisiert.

Man beachte ferner, so wie alle Menschen Welten bewohnen, die durch die menschliche Sprache ausführlich geordnet und geformt sind, so wird Christus, der selbst das Wort Gottes ist, in der Theologie archetypisch als Beauftragter Gottes bei der Schöpfung dargestellt. Er ist das vorbildhafte Welt-erschaffende Wort.

Darin, daß Wörter unsichtbare öffentliche Objekte und seltsam allgegenwärtig sind, sind sie Geistern sehr ähnlich. Ein Schriftsteller oder wortbegabter Mensch denkt vielleicht sofort an ein Wort wie *Schwärme*, Worte, die wie Geister in raunenden Mengen über einem schweben. Typischerweise scheinen sie sich ganz oben im Bewußtsein zu bewegen, auf der Zungenspitze, irgendwo an der Schnittstelle zwischen Subjektivität und öffentlicher Welt.

Wie Geister bewegen sich Wörter in erheblichem Maße selbst: Sie sprechen uns mindestens so sehr, wie wir sie sprechen. Wenn sie schwärmen, raunen oder flüstern sie in unserem Kopf; aber wenn man eine Vielheit von ihnen eng miteinander verbindet, wird ihre kollektive Stimme lauter, bis sie etwas bilden, das fast eine Teilpersönlichkeit ist. Dieses Objekt ist das, was Jung einen *Komplex* nannte und was andere vielleicht immer noch lieber als einen *inneren Dämon* bezeichnen.

Um Macht über unsere bösen Geister/inneren Dämonen/Komplexe/zwanghafte Gedanken zu gewinnen, müssen wir stärkere Worte benutzen, um sie aufzubrechen, zu besiegen, zu binden. Vor allem müssen wir sie *benennen*. Solange sie noch eine anonyme Legion sind, die wir nicht klar sehen können, sind sie höchst furchterregend. Aber wenn man ihnen einen Namen gegeben hat oder wenn sie vom Analytiker interpretiert worden sind, verlieren sie ihre Macht. Sie sind entmythologisiert.

Dieser kurze Abriß sollte erstens andeuten, warum ich behauptet habe, daß die gesamte übernatürliche Welt der Religion eine mythische Vorstellung von den schöpferischen – und auch dämonischen – Kräften der Sprache ist, und zweitens, warum die Hinwendung zur Sprache in der spätmodernen und postmodernen Philosophie so große Auswirkungen auf das religiöse Denken hat.

3 DIE ERSTEN GÖTTER

Ich schlage vor, den Gebrauch des Wortes *Gott* enger zu fassen, wodurch sich ein einfaches Arbeitsmodell ergibt: Ich sehe den Geisterglauben als typisch für die alte nomadische Ordnung an, und der Glaube an Götter, die mit Recht so genannt werden, tauchte mit der Entstehung der ersten Staatsgesellschaften auf. Damit es einen Staat geben konnte, mußte es ein stabiles und anerkanntes Zentrum und eine Quelle von Legitimität und Macht geben – und die lieferte der Gott. Die Unsterblichkeit des Gottes garantierte die Kontinuität des Staates.

Der paläolithische und nomadische Mensch wandert über die Welt, ohne irgendeinen starken Impuls zu spüren, sie zu verändern. Er hat eine ansehnliche Menge der für das Überleben notwendigen Fertigkeiten entwickelt: soziale Fähigkeiten, sorgfältige Beobachtung der Besonderheiten von Tier- und Pflanzenarten, er kann Waffen und Werkzeuge herstellen und Wild jagen. Doch sein Denken ist recht modular, und aus diesem Grund sind seine Identität und sein Weltbild eher lose und pluralistisch. Er glaubt an Geister, die Wanderer sind wie er selbst, und seine Mythenwelt ist voller Konflikte und Veränderungen wie er selbst. Seine religiöse Aufmerksamkeit wird vor allem von den bleibenden und sich selbst erneuernden Arten gefesselt, die er hinter den Oberflächen-Phänomenen der Welt erahnt.

Der seßhafte Mensch der Jungsteinzeit ist überraschend anders. Er gibt sich alle Mühe, ein Stück der natürlichen Umwelt zu verwandeln, damit es einer idealen kosmologischen Vision Ausdruck gibt – und das bedeutet eine Welt, die geordnet, harmonisch, von Recht und Gesetz beherrscht und vertraut ist. Der Mensch der Jungsteinzeit ist verhältnismäßig gesehen weit disziplinierter als sein Vorgänger – und somit selbst auch mehr ein Zuchtmeister. Er macht Dinge seinem Willen untertan, stutzt sie zurecht. Etwa vom Jahre 8000 v.u.Z. an beginnt er, im Zagros-Gebirge des nördlichen Iran Tiere zu zähmen. Von etwa 7500 v.u.Z. an baut er in Anatolien und später in Mesopotamien Pflanzen an, hauptsächlich Weizen und Gerste. Erste dauerhaft bewohnte Dörfer beginnen sich zu entwickeln, und zwar in Gestalt von Ein-Zimmer-Hütten, die bienenwabenförmig angeordnet sind. In ihnen wird eine Vielzahl handwerklicher Fähigkeiten entwickelt. Dann folgen kleine und größere Städte, von denen jede als Hauptgebäude einen Tempel besitzt, der ihrem Schutzgott geweiht ist. Straßen entstanden erst dann, wie es scheint, als Prozessionswege, die auf würdige Weise zu den einzeln stehenden Häusern führten, in denen die Götter wohnten.

Der Gott war zuvor vielleicht ein Stammestotem oder eine Clan-Gottheit in Tiergestalt oder eine Fruchtbarkeitsfigur wie Inanna und Dumuzi gewesen. Doch jetzt beginnt er oder sie, weit mehr Ähnlichkeit mit einem in Stein gehauenen Menschen anzunehmen. Er neigt in zunehmendem Maße dazu, zu einem absoluten, auf einem Thron sitzenden Monarchen zu werden. Man schreibt dem Gott zu, nicht nur den Stadtstaat geeint und seiner Ordnung unterworfen zu haben, sondern auch den Kosmos. (In diesem Zusammenhang muß man sich vor Augen führen, daß *der Staat selbst das erste große kosmologische Modell* ist, das erste Beispiel einer voll beherrschten und geordneten Welt.) Nunmehr steht der Gott im Mittelpunkt täglichen – und alljährlichen – Hofdienstes, des Kults, für den ein großes Priesterkollegium verantwortlich ist. Sie führen die Geschäfte des Gottes in seinem Namen und für seine Rechnung, treiben seine Gebühren und Geldforderungen ein, verwalten seinen Herrschaftsbereich und legen seinen Willen aus. Da ein Teil des Agrarüberschusses die Stadt und den Tempelkomplex miternährt, geben die Priester wiederum einen Teil davon in Gestalt von Tieropfern zum höheren Ruhm des Gottes aus.

Vor diesem Hintergrund besitzen die Menschen jetzt eine weit einheitlichere Kosmologie und Individualität. Alles ist um den Gott vereint, der allem seinen Platz angewiesen und alle täglichen Abläufe geordnet hat.

Der Gott ist auf zwei Ebenen tätig. Während er in dem Tempel auf Erden seine tägliche Anbetung empfängt, hält er gleichzeitig oben auf kosmischer Ebene Hof. Er sitzt auf einem Thron auf der Spitze des heiligen Bergs oder über dem durchsichtigen Himmelsgewölbe, wo seine Priester eine himmlische Heerschar aus Sternen, Engeln und geringeren Gottheiten sind. Während Geister eine bewegliche und eher unberechenbare Gruppe sind, wird der Thron eines Gottes für immer etabliert. Sein Kult soll ewig sein. Er ist unsterblich, ein festes Stück Inventar. Er wird sich nicht verändern. Nehmen wir an, ein Senkblei würde von seinem himmlischen Thron auf seinen irdischen Sitz herabgelassen. Dieses Senkblei würde an der *axis mundi* verlaufen, der Weltachse, um die sich alles dreht; und das Ende des Senkbleis würde auf dem Urhügel ruhen, dem kleinen Erdhöcker, der sich aus den Urgewässern erhebt, auf dem der Gott gesessen hatte, als er die Welt erschuf und allem seinen Platz zuwies. Und bis zum heutigen Tag sitzt der Gott immer noch an genau derselben Stelle und läßt seine formende und ordnende heilige Macht in alle Himmelsrichtungen ausstrahlen. Er war und ist der erste Monarch, der erste absolute Herrscher und Grundherr.

Als die Möglichkeit eines menschlichen Königs in Israel erstmals erörtert wurde, war Gott gekränkt, da er in dem Menschenkönig einen potentiellen Rivalen sah. Die Ägypter vermieden einen Konflikt zwischen Palast und Tempel, indem der Pharao in seiner Person die Rollen von König und Gott auf Erden vereinigte. Er baute einer potentiellen Opposition vor, indem er ihren wahrscheinlichsten Ursprung in sich aufnahm. Bei den Sumerern scheint es ein wenig länger gedauert zu haben, bis sich ein menschliches, »säkulares« Königtum neben der Hierarchie entwickelte (ein Wort übrigens, das Herrschaft durch ein Priesterkollegium bedeutet). Die ersten königgleichen Gestalten wurden *lugul* genannt, »großer Mann«. Später sah man die Könige als direkte Nachkommen der Götter an. Der König gab dem Tempel als eine Art Pate der Götter militärischen Schutz, und als Gegenleistung erkannte der Tempel seine Herrschaft als rechtsgültig an.

Dieses ganze großangelegte System wurde etwa um 3800 v. u. Z. in Uruk etabliert. Das Alte Testament bietet in seinen ersten elf Büchern, vom 1. Buch Mose bis zum 1. Buch der Könige, einen uns vertrauten Bericht darüber, wie Israels Version dieses Systems entstand, und im Psalter finden wir einige großartige Dokumente seines Kultus. Die ganze Ideologie existierte in einer großen Vielfalt von Formen auf der ganzen Welt und begann erst nach dem Jahr 1500 v. u. Z. zu verfallen. Nur ein Teil davon hat sich noch im Islam erhalten, in der Person des Dalai Lama und den Königen von Thailand sowie bei den Krönungsriten in England und Japan.

So hat die auf Religion beruhende, von Thron und Altar beherrschte agrarische Zivilisation die Welt fünf oder sechs Jahrtausende lang regiert. Ihre theologische Grundidee hat jedoch etwas sehr Paradoxes an sich.

Da ist zunächst folgendes zu nennen: Der Kern des gesamten Systems ist die Plazierung einer unendlich großen punktgenauen Konzentration heiliger Macht und Autorität im Zentrum des Stadtstaates. Dies ist eine außergewöhnlich großangelegte und ehrfurchtgebietende Idee. Es ist eine absolute Idee. Aber wie kann man sich auch nur ansatzweise vorstellen, daß sich eine solche Idee historisch entwickelt hat? Wie kann man sich vorstellen, daß irgendein kluger Kopf sich ein solches System erst ausdenkt und dann andere irgendwie überredet, es anzunehmen?

Und gleichwohl tut die großartige Vision der Bronzezeit

um die gleiche Zeit etwas ganz anderes, was in fast entgegengesetzter Richtung vielsagend ist. Diese Vision spricht dem Göttlichen eine ungeheure Größe zu, bringt es aber nicht in der Natur unter, sondern im Herzen und im Zentrum des ausschließlich von Menschen gemachten Reichs der Kultur.

An dieser Stelle sollten wir kurz innehalten, um uns das Wort *Kultur* anzusehen. Im Lateinischen bedeutet das Verb *colo, colere, colui, cultum* »den Acker bebauen, sorgen für«. In der Antike hatte es schon die ganze Bandbreite erweiterter Bedeutungen erlangt, die es noch heute hat. Kultur ist die vertraut gemachte, gezähmte, gartenförmige Version der Welt, die wir um uns herum anlegen. Cicero nennt sie eine »zweite Natur«. Sie schließt nicht nur die *Kultivierung* des Bodens ein, die *Agrikultur*, sondern auch die *Kultur* neuer domestizierter Pflanzenarten, die sorgfältige *Kultivierung* von Bekanntschaften und Fähigkeiten, die *Kultivierung* der eigenen »Person« und der eigenen Seele, und somit gibt es auch eine *Hochkultur*, nämlich Künste und Wissenschaften, und über allem den *Kult*, die Pflege und Aufwartung der Götter. Somit zeigt schon das Wort *Kultur* durch seine zahlreichen, breitgefächerten Verwendungsformen etwas, das viele Menschen seit dem Altertum sehr wohl verstanden haben, daß nämlich die ganze Vielfalt kultureller Aktivitäten in einer Hochzivilisation durch eine Reihe symbolischer Verwandlungen der Tätigkeit des armen Bauern hervorgebracht wird, der unter Mühen den Boden bebaut. (Besonders, nachdem er gelernt hatte, wie man den Boden bewässert und zwei Rinder vor den Pflug spannt, was etwa um 4500 v. u. Z. geschah.)

Wenn wir also den Jäger und Sammler und dessen Geister mit dem Bürger und Bauern und dessen Gott vergleichen, fällt uns ein starkes Paradoxon auf. Geister streifen frei und ungehindert in der Wildnis umher: Sie sind nicht im mindesten menschlich und wissen nichts von Recht und Gesetz. Im Gegensatz dazu ist der Gott weit größer als die Geister. Die Idee von einem Gott hat etwas letztlich Erschreckendes an sich. *Aber er ist ein Städter!* In bildlichen Darstellungen ist er kaum mehr als ein übergroßer Mensch, fest etabliert in der Oberschicht des Staates, die seine Macht zusammenhält. Er ist ein rein kulturelles Wesen und in seinem Haus in der Stadtmitte fast unbeweglich. Er ist eine Art Gefangener wie alle Könige.

In einem gewissen Sinn hat man das Paradoxon schon immer eingestanden. Denn es waren die Menschen selbst, welche die Stadt erbauten, den Tempel errichteten, das Bild des Gottes schnitzten und den Kult etablierten – um dann prompt zu erklären, daß es vielmehr der Gott gewesen sei, der den Standort der Stadt gewählt, den Entwurf für den Tempel übergeben, das Opfersystem eingeführt und die Priesterschaft ernannt habe. Somit gibt die religiöse Ideologie das Paradoxon stillschweigend zu, indem sie sich bei ihren Bemühungen, es zu verbergen, große Mühe gibt. Die Menschen waren recht entschlossen, die Tatsache zu verbergen, daß sie das alles geschaffen hatten, indem sie nachträglich erklärten, der Gott habe alles offenbart.

Doch da ist noch mehr: Denn wenn wir jetzt fragen: »Wann ist das ganze große System erstmals aufgetaucht, und wie hat es sich entwickelt?«, erhalten wir eine sonderbare Antwort. Nach dem heutigen Wissensstand scheint es, wie schon erwähnt, so zu sein, daß das System schon voll ausgebildet und vollständig etwa um das Jahr 3500 v. u. Z. auftaucht. (Ich nenne dieses Datum, weil sich um diese Zeit eine einfache Bilderschrift durchzusetzen begann, was die Priester – die schon *clerici* waren, Kleriker – in die Lage versetzte, für den Gott wirklich fähige Buchhalter zu sein.) Wie aber dieses bemerkenswert mächtige System sich entwickelt hat, entzieht sich weitgehend unserer Kenntnis. Kann man mehr sagen, als daß es sich entwickelte, weil es notwendig war? Hier geht es um alles oder nichts, um eine absolutistische Ideologie, so daß man nicht sicher sein kann, wie man sich ihre Geschichte vorstellen soll.

Diese letzte Bemerkung wirft die Frage auf: »Wie kann man überhaupt die Archäologie der Religion studieren?« Sechs Jahrtausende einer landwirtschaftlich geprägten Zivilisation verpflichten uns dazu, von der Annahme auszugehen, daß die Religion eine eigenständige, aber besonders wichtige Lebenssphäre ist. Der Archäologe macht sich also auf die Suche nach einem palastähnlichen Gebäude nahe dem Mittelpunkt der Siedlung. Es enthält vielleicht besondere Artefakte, Kultusgegenstände, geistliche Gewänder. Vielleicht gibt es dort eine große Audienzhalle und Nebenräume, in denen eine kleine Armee von Berufsklerikern gearbeitet hat. Vielleicht eine Bibliothek, Lagerräume, eine Schatzkammer. In Uruk finden wir tatsächlich so etwas, alles in etwa mit dem übereinstimmend, was man 5000 Jahre später vielleicht auch an einer christlichen Stätte des Mittelalters findet. Früher jedoch, etwa in Jericho und den großen neolithischen Dörfern von Çatal Hüyük und Hacilar in der Türkei (etwa 7000–5500 v. u. Z.), finden wir die klassische Anordnung aber nicht, und da geht uns auf, daß uns nicht ganz klar ist, wie wir die wenigen Fundstücke interpretieren sollen, die wir tatsächlich finden. Das wiederum zeigt, wie partiell und unbefriedigend unsere Vorstellung von Religion ist: Wir vermögen mit Selbstvertrauen nur den entwickelten Typ eines religiösen Systems, das wir schon kennen, als »religiös« zu erkennen. Uns fehlen die Begriffe, die uns (beispielsweise) in die Lage versetzen würden, einen Zustand zu erkennen und zu beschreiben, in dem Religion wirklich existiert, aber noch keine klar umrissene, zentrale und einzigartig autoritative Lebenssphäre geworden ist.

Es stellt sich aber eine noch schwierigere Frage. Was genau war der Gott überhaupt? War er ein Kaiser ohne Körper, nichts weiter als eine Fiktion, eine gemeinschaftliche Illusion, durch eine ungeheuer großangelegte Scharade heraufbeschworen? Der Pantomime Marcel Marceau kann sein Publikum davon überzeugen, ihm versperre eine riesige Glasscheibe den Weg. Wir können das Glas nicht sehen, aber Marceau läßt uns irgendwie glauben, daß die Scheibe da ist. Hat der Kult die Menschen genauso von der Realität des Gottes überzeugt? Es muß nicht unbedingt Gaunerei und Schwindel im Spiel gewesen sein. Vielleicht waren die Menschen in der Jungsteinzeit so großem Druck und solchen Bedürfnissen unterworfen, daß sie sich aufrichtig genötigt fühlten, den Gott für sich zu fordern und ihn so anzubeten, wie sie es taten; und vielleicht glaubte jeder einzelne an den Glauben der Gruppe insgesamt – so wie Armeen Befehlen gehorchen und in die Schlacht gehen, weil jeder einzelne Soldat, obwohl er für sich genommen von Angst übermannt wird und weiß, Krieg ist Wahnsinn, sich dennoch irgendwie mitreißen läßt und an die Solidarität und den Mut der Armee als Ganzes glaubt.

Ja: Aber was *war* der Gott nun? Es ist ein Fehler anzunehmen, daß der Gott etwas war, das höher stand als das Bild aus Holz oder Stein, das die Menschen ehrfürchtig anbeteten, oder diesem übergeordnet war. Man könnte auf das Bild zeigen und sagen: »*Das* ist der Gott«, ohne einen Fehler zu machen, denn der Gott war ein Zeichen. Er war sein eigenes Bild, und es gab keinen übergeordneten Bezugspunkt. Jedes einzelne Donald Duck-Bild, das von den Disney Studios veröffentlicht wird, *ist* Donald Duck persönlich; es gibt kein übergeordnetes Original. Donald Duck ist für Millionen, vielleicht sogar für Milliarden Menschen eine Figur, die ihnen lebendig vor Augen steht, aber er braucht einfach keine Existenz außerhalb seiner Ikonographie zu haben. Es wäre ein pedantischer Fehler, die Existenz eines realen Donald Duck etablieren zu wollen, der von dem Standardbild unabhängig ist, um dann zu untersuchen, ob das Standardbild von Donald Duck dem Original tatsächlich ähnlich ist. Nein, Vitalität und kultureller Einfluß von Donald Duck sind von Fragen dieser Art nicht im mindesten abhängig. Sein kultureller Einfluß hängt ausschließlich von der Vitalität seines Bildes ab und davon, wie es sich verhält. Und weil man Zeichen in unendlicher Zahl vervielfachen kann und jedes davon real ist, kann Donald Duck allgegenwärtig sein. So ist es auch mit dem Gott. Sein Bild *war* seine Realität. Er war kein Wesen, sondern nur ein Zeichen, und wie die Fälle von Comic-Figuren und Charakteren wie Uncle Sam und dem Weihnachtsmann zeigen, ist es für jemanden, der nur ein Zeichen ist, absolut möglich und sogar sehr leicht, eine lebendige und einflußreiche Persönlichkeit zu sein, die jeder kennt. Jede Kultur hat Dutzende, vielleicht sogar Hunderte solcher Gestalten.

Folglich *war* das hölzerne oder steinerne Bild der Gott, so wie die Gipsfigur die Jungfrau Maria *ist*; und erwachsene Männer legten sich seltsame Gewänder an und schlachteten Ochsen vor einem Bild, das der Gott war, der ein Zeichen war – aber von was?

Heute sind so gut wie alle Menschen Bürger von Staatsgesellschaften, und es fällt uns schwer, die schiere Größe des Übergangs vom Leben eines nomadischen Jägers und Sammlers, eines wilden Menschen, zum Leben eines Stadtbewohners und Bauern bildhaft zu erfassen. Aber als die Jäger und Sammler ihre Lebensweise änderten, Hütten bauten und Felder anlegten, banden sie sich langfristig an die Einrichtung nicht nur von Institutionen wie Eigentum, Recht und Gesetz, sondern auch an die eines furchteinflößenden und übermenschlichen Mittelpunkts, dem sie Tribut zahlten und von dem sie als Gegenleistung Schutz erhielten.

Vor diesem Hintergrund kann man den Gott als so etwas wie den Geist des Staates sehen; er war ein Zeichen von dessen unbedingter und sogar kosmischer Autorität, seiner prüfenden disziplinarischen Ansprüche sowie der Sicherheit und des Wohlstands, den er versprach. Ein gutes Beispiel dafür, wie frühe Stadtstaat-Religion eine neue Lebensform symbolisierte und zugleich lehrte, ist die besondere Betonung der Uhr und des Jahreskalenders. Nomaden hassen es, in enge Zeitpläne eingezwängt zu werden, aber die Staatsreligion betonte deren Bedeutung. Schon Jahrtausende vor der Erfindung der Uhr bestand sie schon auf dem disziplinarischen Wert, den es für den einzelnen hatte, sich an regelmäßige tägliche Gebetsstunden zu halten, während die Bauern auf dem Feld ihre im Wechsel der Jahreszeiten immer wiederkehrenden Aufgaben im liturgischen Jahr sehr genau widergespiegelt und dramatisiert fanden. Bis zum heutigen Tag besitzt der Vatikan ein Observatorium und veröffentlicht einen Kalender: Der Vatikan behält immer noch den alten Jahreszyklus der landwirtschaftlichen Feste bei, und an manchen Orten wird auf den Feldern immer noch zum Angelusgebet geläutet. Somit hat die Religion sechstausend Jahre oder mehr dazu gedient, Wanderer zu seßhaften Bauern zu machen und die Menschen an das Land und den alljährlichen Wechsel der Jahreszeiten zu binden.

4 DAS KOMMEN GOTTES

Was ist Gott, und wie ist der heutige Glaube an Gott entstanden?

Ich spreche nicht – zumindest nicht an dieser Stelle – vom Monotheismus, der eine Lehre in der Metaphysik ist und der, falls er je schlüssig erklärt worden ist (was ich bezweifle), erst sehr spät begann. Ich spreche hier von religiösem Theozentrismus.

Die Frage, ob ein Gott oder mehrere Götter existieren oder nicht, ist etwas ganz anderes als die Frage des religiösen Theozentrismus. Es gibt viele Philosophien, etwa den Epikureismus, und Religionen wie den Dschainismus und den Buddhismus, in denen es heißt, daß die Götter zwar existierten, sich aber um uns keine Gedanken machten, und wir sollten uns auch keine um sie machen. Die Götter sind irrelevant für die Religion, bei der es in der buddhistischen Überlieferung typischerweise nicht um das Gebet zu einem Gott geht, sondern um Meditation, innere Ruhe und Klarheit des Geistes.

Mit Glaube an Gott meine ich also eine religiöse Anschauung, in der Gott sehr wichtig ist und sogar für das Leben eine zentrale Bedeutung besitzt. Aber ob irgendwelche Götter tatsächlich *existieren* oder nicht, ist eine ganz eigene Frage. Ich habe sogar vor, zu gegebener Zeit zu zeigen, daß wir jetzt erstens die Idee aufgeben sollten, daß Gott »existiert«, aber zweitens gleichwohl an Gott glauben sollten (oder zumindest erkennen sollten, daß die Idee von Gott uns immer noch dabei helfen kann, wir selbst zu werden und gut zu leben).

Also was ist Glaube an Gott? Wenn wir den einen Gott damit meinen, ist das schon ein Hinweis, da es so etwas wie ein Eigenname ist. Irgendeinen beliebigen Gott kann man nicht anrufen. Man müßte sich an Isis oder Athene wenden. Aber *Gott* kann man anrufen. Wenn wir also den einen Gott meinen, ist es so, als wäre damit das ganze Reich des Göttlichen und Übernatürlichen in einen neuen Blickwinkel geraten, als würde es auf persönliche Weise angerufen. Wir sprechen hier nicht von Gottesdienst in der Gemeinde, auch nicht von der Anrufung eines individuell benannten Gottes alter Art, sondern von dem, was man oft »persönliche Religion« nennt, Religion eines neuen, individuellen und fragenden Typus. Wie wir sehen werden, fällt das Auftauchen von »Gott« um das Jahr 1750 v. u. Z. zeitlich mit dem Erscheinen einer stärker individualisierten menschlichen Identität zusammen, die in einer neuen Beziehung zur Welt steht. Man könnte sogar sagen, dieser Gott sei das gleiche wie die neue menschliche Individualität.

In seiner vorzüglichen Studie über Religion in Mesopotamien unterscheidet Thorkild Jacobsen (1976) eine Reihe von Entwicklungsstadien. Er beginnt mit der frühesten Periode, für die wir überhaupt auf klare Belege hoffen können, dem *vierten Jahrtausend v. u. Z.*, einer Zeit, in der der Kult des Hirtengottes und der Fruchtbarkeitsfigur Dumuzi in Uruk sehr populär war. Hier wie in vielen ähnlichen Kulten der antiken Welt appellieren die Mythen und Lieder von Werbung und Hochzeit, von Tod und Klage stark an unsere Gefühle und binden die großen Ereignisse des menschlichen Lebenszyklus in den Wechsel der Jahreszeiten in der Natur ein.

Dieser Religionstypus ist jedoch noch immer eher paläolithisch geprägt und archaisch. In seiner Freude und seinem Wehklagen bemüht sich der Betende um rituelle Identifikation mit den universellen Kräften, deren Wirken man in der Natur erkennen kann. Man verschmilzt mit dem Gott – das heißt, daß wir beim Liebesakt und in der Trauer unsere Getrennt-Heit verlieren und in das Universelle hinüberwechseln. Gute und tröstliche Bräuche, tatsächlich – aber der neuen Realität des politischen Lebens im Stadtstaat lassen sie nicht volle Gerechtigkeit widerfahren. Wir sollten nicht vergessen, daß der Tempel der Antike auch ein Markt war, denn er war ein Ort des Austauschs, in dem Tribut eingefordert und Waren und Güter gehandelt wurden. Ferner mußte das religiöse Denken auch die Idee von einer Abmachung oder einem Vertrag zwischen den Göttern und den Menschen entwickeln. Und so entdecken wir im *dritten Jahrtausend*, daß die Götter allmählich humaner und politischer werden. Sie sind Herrscher; sie sind sogar die allerersten Könige. Der Kosmos selbst wird als Staatswesen gesehen, als Erweiterung des Staats nach dem Bild vom Staat – sogar so sehr, daß Begriffe wie »das Tierreich« noch heute gelegentlich verwendet werden. Mit dem Bevölkerungswachstum in Mesopotamien wird die militärische Rivalität der Stadtstaaten untereinander stärker, so daß die Stadt jetzt befestigt wird; vor allem der Tempelkomplex wirkt wie eine starke Festung. Jetzt hören wir öfter von einem Bund oder einem Handel zwischen den Göttern und ihren Völkern. Das Geschäft ist ein einseitiges Geschenk der Götter an die Menschen: Das etablierte System, in das man eingebettet ist, ist göttlich und vollkommen. Es beschützt die Menschen, vorausgesetzt, daß sie ihren Pflichten nachkommen, Tribut zahlen und dem Gott sogar bis in den Tod loyal sind.

Genau das gleiche Geschäft ist bis zum heutigen Tag die Grundlage unseres sozialen Lebens geblieben. Anfang des neunzehnten Jahrhunderts konnte der Staat immer noch als Wahlmöglichkeit erscheinen, weil Millionen Menschen noch keine Bürger von Staatsgesellschaften waren, und Karl Marx konnte sich sogar vorstellen, daß der Staat eines Tages überflüssig werden würde; aber heute sind so gut wie alle Menschen froh, sich der Sicherheit einer Staatsgesellschaft, eines Rechtssystems und einer Geldwirtschaft erfreuen zu können. Überall gilt es als selbstverständlich, daß der Staat die jungen Männer zur Armee einzieht, wenn er muß, und von ihnen verlangt, in ihrem Dienst notfalls ihr Leben zu lassen. Interessanterweise haben wir bisher kaum darüber nachgedacht, ob man eines Tages nicht vielleicht auch junge Frauen einziehen und mit den Männern in den Massentod schicken sollte, und zwar zu den gleichen Bedingungen wie die Männer, etwa in einer künftigen Wiederholung des Ersten Weltkriegs. Vielleicht ziehen wir es vor, nicht mehr daran zu denken, wie unbarmherzig und brutal die Ansprüche des Gottes und des Staats traditionell gewesen sind.

Sollte es jedoch so weit kommen, hat der Gott dann seinerseits seinen Teil des Abkommens erfüllt? Anfang des *zweiten Jahrtausends* sehen wir in Mesopotamien und anderswo, daß militärische Niederlagen und politische Instabilität die Menschen nötigen, den grundlegenden Kontrakt, auf dem die Zivilisation seit jeher beruht hat, in Frage zu stellen. Wir sollten nicht vergessen, was man uns anfänglich gesagt hat: daß nämlich die Götter ein vollkommenes – und wohl auch katastrophensicheres – System errichtet hatten. Sie wußten, was sie taten: Sie wußten alles und sahen alles. Man sehe sich nur ihre riesigen Augen an! Sie sind allmächtig. Man versicherte uns, daß die Götter Frieden und Wohlstand garantieren würden, wenn wir unseren Teil einhielten, das Gesetz achteten, unseren Zehnten bezahlten und den Staatskult aufrechterhielten. Was also ist schiefgegangen?

Eine ähnliche Frage erhob sich auf der Ebene des individuellen Lebens, als die Menschen sich nach und nach als Einzelwesen begriffen und sich ihrer sehr unterschiedlichen Lebensschicksale bewußt wurden. Die umfassende politisch-theologische Organisation ist universell und für jeden gleich. Warum scheint also der eine begnadet zu sein, der Liebling der Götter, charismatisch und strahlend, zu großen Dingen ausersehen, während ein anderer eine Katastrophe nach der anderen hinnehmen muß?

Die eigentümliche Schwierigkeit liegt darin, daß die offizielle Staatstheologie ausschließlich auf allgemeingültiger

Ebene sprach. Nur das Allgemeingültige zählt: Das war die alte Philosophie. Aber im zweiten Jahrtausend v. u. Z. und zum ersten Mal überhaupt im menschlichen Bewußtsein wurde erkannt, daß es noch eine andere Ebene gibt, die des Individuums, und auf der Ebene des einzelnen hat es allzuoft den Anschein, als würde das menschliche Leben von rein amoralischen und unvorhersehbaren Zufälligkeiten abhängen – und in diesem Fall sind die öffentlichen Zusicherungen, die uns auf der universellen Ebene von den Großen und Guten gemacht werden, für uns vollkommen wertlos. In jeder Zivilisation, von der Bronzezeit bis zum heutigen Tag, sind die normalen Menschen Spieler gewesen; sie glauben an das Glück und wissen, daß das Leben eine Lotterie ist – und das sollte uns nicht überraschen. So erscheint ihnen das Leben tatsächlich.

Der Unterschied zwischen den Geschlechtern macht die Frage noch pointierter, denn Frauen haben zwar immer mehr im Allgemeinen gelebt als Männer, aber gleichwohl ist ihr persönliches Schicksal im Leben *noch* unbestimmter als das von Männern. Das Leben der Frauen ist schon immer mehr als das der Männer durch die großen universellen Erfahrungen des Reproduktionszyklus beherrscht gewesen: Liebe, Ehe, Sex, Schwangerschaft, Geburt, Kindererziehung, Altern. Aber ihre relativ engere Verbindung mit diesen allgemeingültigen Dingen scheint das Glück der Frauen nur allzuoft eher gefährdeter als sicherer zu machen. Zehntausende von Jahren lang hat man uns gelehrt, im Allgemeingültigen Trost zu suchen. Der Widerspruch ist, daß die Frau sowohl universeller ist als der Mann und zugleich vom reinen Zufall abhängiger und noch verwundbarer.

Etwa um die Zeit im zweiten Jahrtausend, zu der sich die Menschen zum ersten Mal um individuelles Glück Gedanken machten, um Glück und Unglück des einzelnen, begann so etwas wie der moderne Glaube an Gott. In der Bronzezeit repräsentierten und personifizierten die Götter die gesamte göttlich geregelte Ordnung der Dinge, das feste politische und kosmische Establishment, in dessen Rahmen die Menschen ihr Leben verbrachten. Religion war ursprünglich nur eine Möglichkeit, sich mit dieser Ordnung zu identifizieren und rituell mit ihr zu *verschmelzen*. Doch dann (im dritten Jahrtausend, wie ich an anderer Stelle schon gesagt habe) wurde die Religion zu einer Möglichkeit, sich auch politisch der herrschenden Ordnung zu verpflichten. Man huldigte dem Gott als dem König. Doch jetzt bot endlich die Religion ein Vokabular, in dem der einzelne aus der Anonymität heraustreten und das ganze Arrangement in Frage stellen konnte. In diesem Augenblick wurden die Götter zu Gott, denn damit wurde die gesamte göttliche Ordnung von dem einzelnen zur Rechenschaft gezogen, nämlich in der Form einer Person. Und in diesem Augenblick, so könnte man sagen, tauchte Israel als derjenige auf, der Gott nicht einfach nur anbetet und Gott gehorcht, sondern mit Gott streitet. Abraham (1. Buch Mose, Kap. 18. Verse 22–33) hat den religiösen Mut, sich sogar gegen Jahwe aufzulehnen, und behauptet sich. Das ist Glaube – Gott etwas abzuhandeln.

Was an dem um diese Zeit beginnenden Glauben an Gott neu ist, ist der Umstand, daß er das Individuelle in einen scharfen Konflikt mit dem Universellen bringt. Er macht die menschliche Individualität auf mutige und zugleich unverschämte Weise kosmisch. Das betroffene Individuum erdreistet sich persönlich, es mit der gesamten kosmischen Ordnung der Dinge aufzunehmen – als wäre sie nicht größer als er. (Er hat recht: *sie ist es nicht!*) Aus dieser desperaten Anmaßung heraus werden das Selbst und Gott gemeinsam geboren.

Die Fragen, die man Gott vorlegen kann, sind vielfältiger Art. Sie eröffnen die gesamte Zukunft der Individualität und des religiösen Denkens. Insbesondere kann man entweder fragen: »Warum hast du mir das angetan?« oder »Was muß ich getan haben, damit du mich so behandelst?« Wenn man den Unterschied zwischen diesen beiden Fragen erkennt, erkennt man auch, warum diese persönliche Beziehung zwischen dem Gläubigen und Gott die größte, dramatischste und komplexeste persönliche Beziehung war, über die in der späten Bronzezeit geschrieben wurde. Wie wir im Alten Testament sehen, das immer die gleichen Themen behandelt, wird die Auseinandersetzung mit Gott zur klassischen Arena, in der sich die Individualität entwickelt und die menschliche Subjektivität hervorgebracht wird. Nirgendwo sonst finden wir solche psychologischen Reichtümer. Der Psalmist bewegt sich von ekstatischer Anbetung über bittere Vorwürfe zu bußfertiger Unterwerfung und dann zu Freude und Dankbarkeit. Das Gebet war die klassische Methode der Selbstprüfung und der Beschäftigung des Selbst; das Gebet ermöglichte das spekulative Denken und erweiterte die Seele, und die so entwickelte Beziehung zu Gott wurde zu einer Ressource, die beim Aufbau vieler anderer menschlicher Beziehungen genutzt wurde, etwa der höfischen Liebe im christlichen Mittelalter.

Am Ende seines Lebens zeigte Michel Foucault Interesse an »Technologien des Selbst« oder den Mitteln, mit denen Individualität hervorgebracht und unterhalten wird. Er bemerkte die Bedeutung »spiritueller Exerzitien« und Techniken des Selbst im frühen Christentum, gewann aber einen eher negativen Eindruck von ihren Auswirkungen:

> Neben dem Glauben erheischt das Christentum von den Gläubigen noch eine eigentümliche Wahrheitsverpflichtung. Jeder hat die Pflicht, zu erkennen, wer er ist, das heißt, er soll ergründen, was in ihm vorgeht, er muß versuchen, Fehler, Versuchungen und Begierden in sich selbst ausfindig zu machen, und jedermann ist gehalten, diese Dinge entweder vor Gott oder vor den anderen Mitgliedern der Gemeinschaft zu enthüllen, also öffentlich oder privat gegen sich selbst auszusagen. Die Wahrheitsverpflichtungen hinsichtlich des Glaubens und hinsichtlich des Selbst sind

eng miteinander verflochten. Dies ist die Bedingung der Möglichkeit einer Reinigung der Seele, die ohne Selbsterkenntnis nicht zu gewinnen wäre. (Foucault 1993, S. 52)

Nach Ansicht Foucaults wollte das Christentum die menschliche Subjektivität nur deshalb strecken, vergrößern und entwickeln, um die endgültige Unterwerfung des Selbst unter die göttliche Macht und die Autorität der Kirche vollständiger zu machen. Es ist eben mehr sexy, einen Sklaven zu haben, der wirklich *weiß*, daß er mein Sklave ist.

Dieses Urteil ist jedoch ein wenig zu eng. Wir müssen es modifizieren, wenn wir noch weiter in die Vergangenheit zurückgehen und sehen, daß die Herausforderung Gottes und das Kämpfen gegen Gott von Anbeginn an ein konstitutiver Bestandteil des Glaubens an Gott gewesen sind. Im Gleichnis von dem ungerechten Richter (Lukas-Evangelium, Kap. 18, Verse 1–5) lobt Jesus die bittende aufdringliche Witwe nicht wegen ihrer Resignation und Friedfertigkeit, sondern wegen ihres endlosen Nörgelns und ihres Klagens. Im Alten Testament – und nicht zuletzt im Psalter, der in den Gesangbüchern des Westens immer wieder vorkommt – schließt die Beziehung zu Gott stets das Element der *Chuzpe* ein, die argumentative Frechheit und Hartnäckigkeit. Und Foucault hätte vielleicht bis zur Zeit des alten Ägypten und Mesopotamiens zurückgehen können, um die Vorläufer Hiobs zu finden (beispielsweise Pritchard 1969, S. 589–591). Der Glaube an Gott begann, als ein Mensch zum ersten Mal die kosmische Dreistigkeit besaß, das System aufzufordern, sich zu rechtfertigen. In seiner verrückten Anmaßung sagte er: »Ich fordere Rechenschaft von dir«, und diese Forderung machte die Götter zu Gott.

Somit begann der Gottesglaube modernen Typs nicht damit, daß sich jemand Argumente für die Existenz eines Gottes ausdachte, sondern mit dem *In-Frage-Stellen* der Götter und dem Beginn kritischen Denkens. Es ist sehr auffallend, daß man Abrahams bei den Juden nicht nur als des Gründungsvaters und eines großen Glaubenshelden gedenkt, sondern auch als eines mit allen Wassern gewaschenen Gauners und eines Mannes, der nicht zögert, mit Gott zu disputieren. Und dieser alte jüdische Impuls, sich bei Gott zu beklagen und Gott in Frage zu stellen, hat sich bis in unsere Zeit erhalten. Er läßt sich auch an der jüdischen Reaktion auf den Holocaust illustrieren, während die christliche Kirche so von dem Gedanken besessen gewesen ist, ihre Macht über ihre Schäfchen zu steigern, daß sie fast immer darauf beharrt hat, Zweifel und abweichende Meinungen zu unterdrücken. Das hat zur Folge, daß der Gott der Christen seltsam verschwommen und fern geworden ist.

Ich behaupte also, daß Gott mit der Möglichkeit begann, Gott in Frage zu stellen. Gott und menschliche Subjektivität wurden mehr oder weniger gleichzeitig geboren, und seitdem hat Gott stets die Funktion eines Spiegels erfüllt, in den wir blicken, um wir selbst zu werden.

Unter den archäologischen Funden aus der Antike gibt es einen kleinen bestätigenden Hinweis. Der Pharao Amenhotep IV. (oder Echnaton) ist dafür berühmt, im alten Ägypten eine einzigartige Version des Monotheismus erfunden zu haben, und zu seiner Zeit entstanden die frühesten bekannten und höchst individuellen Porträts der Kunstgeschichte. Ein Ebenholzkopf von Echnatons Mutter Teje ist das beste einzelne Beispiel. Sie sieht tatsächlich aus wie eine alte Königin, die sich einige Gedanken um ihren schwierigen, exzentrischen Sohn macht (und dabei könnte man denken, daß sie durchaus nicht die letzte Königin gewesen ist, die sich in einer solchen Lage befindet).

Wenn es nun tatsächlich so ist, daß der Glaube an Gott zu einer Zeit entstand, in der sich auch das menschliche Selbstbewußtsein bemerkbar machte – als der einzelne Mensch sich gegenüber der ihn umgebenden Ordnung der Dinge zu definieren versuchte, indem er sich von ihr distanzierte, sie sogar personifizierte und dann mit ihr stritt –, dann können wir die Möglichkeit einer neuen Interpretation dessen erkennen, was es bedeutet, an Gott zu glauben. Gott ist hier als eine imaginäre Personifikation der gesamten Ordnung der Dinge gedacht und somit als jemand, den man lieben, lobpreisen, dem man danken, über den man murren, mit dem man streiten und den man in Frage stellen muß. Vielleicht könnten wir auch darüber hinausgehen und uns Gott als ein spirituelles Ideal vorstellen, als einen Bezugspunkt, ein Ideal und Brennpunkt unserer Sehnsucht.

In diesem Sinne könnte es uns gelingen, eine Darstellung des religiösen Glaubens an Gott zu entwickeln, die vom philosophischen Monotheismus unabhängig ist. Wir würden lernen, den poetischen und religiösen Gebrauch der Gottesidee von der philosophischen Lehre zu trennen, daß es tatsächlich ein unendliches und ewiges höchstes Wesen gibt, das die Welt transzendiert und der höchste Grund für alles Dasein und alle Werte ist.

Können wir den Gott der Religion tatsächlich von dem Gott der Philosophen trennen? Die meisten Menschen scheinen nicht dieser Meinung zu sein. Wir leben in einer Zeit, in der der Gott der Philosophen, das tatsächlich existierende, allmächtige Wesen da oben, rasch dahinschwindet, und die Menschen neigen zu der Annahme, daß auch die Religion stirbt, wenn er stirbt. Das ist schade: Wir könnten etwas Besseres zustande bringen.

5 GOTT UND DIE GRIECHISCHE PHILOSOPHIE

Während des zwanzigsten Jahrhunderts sind zwei höchst verschiedene Darstellungen dessen, welchen Platz Gott in der westlichen Kultur einnimmt, immer wieder aufeinandergeprallt.

Eine davon, die in der Zeit von etwa 1850 bis 1950 am beliebtesten war, sah den *ethischen Monotheismus* – den philosophischen Glauben an einen objektiv existierenden Gott – als zentrale intellektuelle Säule dessen an, was man früher die westliche Zivilisation genannt hat. Dieser Begriff wurde meist in Verbindung mit Europas »zivilisatorischer Mission« gebraucht, seiner Verpflichtung, seine Kultur auf dem ganzen Globus zu verbreiten. Was hatte der westlichen Kultur diese besondere Bestimmung verliehen? Sie begriff sich selbst als das Ergebnis der Verschmelzung drei sehr verschiedener geistiger Strömungen: des ethischen und religiös-prophetischen Genies der Juden, der griechischen Philosophie und der römischen Begabung für Recht und Organisation in großem Stil (von imperialen Eroberungen ganz zu schweigen). Bei der Entstehung der westlichen Kultur war die Begegnung des biblischen Glaubens mit der griechischen Philosophie von entscheidender Bedeutung gewesen. Daraus war der *philosophische Theismus* des Christentums erwachsen, der den Europäern ihre besondere Kreuzzugs-Energie verlieh. Sie glaubten an einen Gott und an eine große weltgeschichtliche Darstellung. In ihrem kolonialen, missionarischen und kommerziellen Griff nach dem Rest der Welt konnten sich die Europäer als Mitarbeiter Gottes bei der Verwirklichung seiner guten Absichten für das ganze Menschengeschlecht begreifen.

Am entgegengesetzten Extrem lehnt eine abweichende Tradition, die sich von Nietzsche und Freud herleitet, einen *realistischen* oder philosophischen Glauben an Gott als wertlos ab und erklärt statt dessen, man solle Gott als eine imaginäre Person sehen, als eine literarische Persönlichkeit, die zu einem populären Mythos geworden sei und in der Vorstellung etwa der Hälfte aller Menschen immer noch eine einzigartige Stellung einnehme. Die andere Hälfte besteht hauptsächlich aus den Völkern Süd- und Ostasiens, die mit dem philosophischen Monotheismus oder dem furchterregenden Gott des Alten Testaments einfach nicht vertraut sind.

Dieser Gott Jahwe, wie ihn der alttestamentarische Jahwist nennt, wird von Harold Bloom (1991) als mächtiger und unheimlicher kleiner Junge beschrieben, als außergewöhnlicher Unruhestifter, als boshaft und schwierig. Er ähnelt König Lear und dem Über-Ich Freuds, indem er ein dämonischer und quälender Vater ist, dem es vollkommen an Selbsterkenntnis fehlt und dem es zutiefst widerstrebt, je etwas zu lernen. Wie die anderen Charaktere des Jahwisten hat er ein sich ständig veränderndes Bewußtsein. Er verkörpert die reine Energie und Kraft des Werdens. Er gleicht Nietzsches »Wille zur Macht«: sprunghaft und unkontrollierbar, nichts und niemandem unterworfen.

Das sind zwei diametral entgegengesetzte *Standorte*, sich Gott vorzustellen, so unterschiedlich, daß sie überdeutlich die extreme Unordnung illustrieren, in die unser religiöses Denken in letzter Zeit verfallen ist. Ein Gott ist der Ausdruck welthistorischen Optimismus, während der andere so etwas wie ein archetypisches Bild der unverbesserlichen Männlichkeit in der menschlichen Psyche ist. Insgesamt jedoch hat das turbulente Jahrhundert, das jetzt zu Ende geht, einen allmählichen Wandel von dem früheren Gottesbild zu dem späteren miterlebt. In Großbritannien glaubt W. G. de Burgh (1923) immer noch, daß es so etwas wie eine christliche Zivilisation tatsächlich gebe, die um eine jüdisch-platonische Gottesphilosophie, die Welt, die Seele und die Geschichte herum errichtet worden sei. C. N. Cochrane (1943) und R. G. Collingwood (1940) lassen jedoch mehr als nur einen Anflug von Mühe erahnen; und von einem deutsch-amerikanischen Standpunkt aus erklären Paul Tillich (1951) und Heinrich Niebuhr (1952), warum. Heute hat es den Anschein, als wäre der junge Tillich schon 1919 ein Nietzscheaner gewesen, der sich als christlichen Theologen sah, der nach dem Tod Gottes schrieb und wußte, daß das Kulturchristentum alten Stils mit dem Ersten Weltkrieg zu Ende gegangen war (Tillich 1999).

Somit ging in den fünfziger Jahren der Glaube an den ethischen Monotheismus als der Grundlage einer einheitlichen christlichen Zivilisation schließlich zu Ende. Sogar in der christlichen Theologie schrieb man von nun an immer offener über den »Tod Gottes«. Eine frühe Konsequenz dieses Wandels war sogar die Bereitschaft, die psychologische Geschichte der Gottesidee in der menschlichen Phantasie aus einem neuen Blickwinkel zu betrachten (Jung 1961). Vielleicht sind wir heute bereit, noch einen Schritt weiter zu gehen. Vielleicht ist es an der Zeit, die griechische Philosophie kalt und nüchtern zu betrachten und zu erkennen, wie sie allmählich mit jüdischen und christlichen Glaubensvorstellungen verwoben wurde, um dann die realistische Gottesphilosophie hervorzubringen, an der unsere Kirchen anachronistischerweise immer noch festhalten. Ist alles ein Mißverständnis gewesen? Im Verlauf des zwanzigsten Jahrhunderts haben wir uns allmählich an den Gedanken gewöhnt, daß das historische, »orthodoxe« Christentum Jesus von Nazareth vollkommen mißverstanden hat. Werden wir demnächst vielleicht eingestehen müssen, daß es sich auch bei Gott in ähnlicher Weise geirrt hat?

Martin Heidegger (1889–1976) hat bereits eine Interpretation der Geschichte des westlichen Denkens anhand dieser Grundsätze vorgelegt. Er argumentierte, daß von Parmenides und Platon an die allmähliche Objektivierung des Seins als einer unendlichen, allmächtigen Person da oben, dem Gott des westlichen, realistischen Theismus, eine intellektuelle – und religiöse – Katastrophe gewesen sei (Heidegger 1983). Er hat natürlich recht. Tatsächlich hat die Art und Weise, wie die Kirche den Gottesbegriff mißverstanden hat, unauflösbar auch etwas damit zu tun, wie sie Jesus mißverstanden hat. (In beiden Fällen wurde etwas Leichtes und Dialektisches in etwas Schweres und Unhandliches verwandelt.)

Die bisherige Erörterung hat eine Reihe neuer Thesen über die Entstehung der Philosophie und ihrer kulturell-religiösen Konsequenzen erbracht.

Zunächst einmal ist festzuhalten, daß die griechische Philosophie nicht aus dem Nichts heraus entstanden ist, und einen so scharfen Bruch zwischen philosophischem und präphilosophischem Denken, wie manche Autoren meinten, gibt es nicht. So haben wir zum Beispiel gesehen, daß die Jäger und Sammler des Paläolithikums für eine erfolgreiche Nahrungssuche genötigt waren, stabile natürliche Arten, Naturkräfte und Regelmäßigkeiten des Kalenders mit absoluter Sicherheit zu erkennen, um so die Grundlage für den beständigen Fluß der Erfahrung zu legen; und sie mußten ein Gespür dafür entwickeln, wie das Allgemeine dem Besonderen vorausgeht und es sogar hervorbringt. Wer auf die Jagd ging, mußte dieses Allgemeine stets im Kopf und auf der Zungenspitze haben, bis er einem Beutetier begegnete, das darauf paßte. Und so half es ihm dabei, seine Beute zu finden.

Der Jäger des Paläolithikums nannte dieses Ding, das ihn leitete, einen Geist. Platon nennt es eine Idee, Kant einen Begriff, und ich werde es nur ein Wort nennen. Formal oder logisch sind Anleitung und Vorgehen in all diesen Fällen weitgehend gleich.

Platon und andere griechische Philosophen setzen mit ihrer Bereitschaft, sich zwischen verschiedenen Ebenen hin und her zu bewegen, ebenfalls das Denken der Bronzezeit fort. Sie wechseln zwischen Psychologie, Politik, Kosmologie, dem Selbst, der Stadt und dem Kosmos hin und her. Fast alle Philosophen sind Apologeten von »Recht und Ordnung«. Sie wollen, daß alles wie ein Uhrwerk abläuft, gesetzestreu, gütig und harmonisch auf allen Ebenen: Folglich wird Platon bereitwillig argumentieren, daß so wie in einem gut regierten Staat alles im Gehorsam gegenüber weisen und wohlwollenden Gesetzen getan werden *würde*, *geschehe* auf kosmischer Ebene *tatsächlich* alles entsprechend – und deshalb *sollte* es natürlich auch im Staat so sein – und, ach ja, auch in unserer schwarzen Seele. Er argumentiert von einem bedingten *Sollen* hier unten auf der Erde aus und schließt auf ein tatsächliches *Sein* da oben; anschließend kehrt er wieder mit einem das Sein ausdrückenden *Sollen* auf der unteren Ebene zurück. Weil wir auf Erden Recht und Ordnung wollen, wissen wir, daß es sie im Himmel schon geben muß, und *deshalb* müssen sie auch hier unten auf Erden in Kraft gesetzt werden.

Das ist nicht nur auf höchst unterhaltsame Weise unlogisch, sondern auch höchst entlarvend. Platon kommt in seinen politischsten Werken dem Theismus am nächsten. Besonders im *Timaios* entwickelt er den Gedanken einer göttlichen Intelligenz, welche die Welt formt und beherrscht und alles zum besten stellt. Man könne dem »Ordner alles Entstehens und dieses Weltganzen« vertrauen. Er wisse, was er tue. So Platons Lehre von einer göttlichen Vorsehung, die einen großen Einfluß auf das christliche Denken gehabt hat; rückblickend stellt man fest, daß nichts davon stimmt. Es ist ein Stück politischer Ideologie und bringt zwei völlig verschiedene Bedeutungen von *Gesetz* durcheinander, das bürgerliche und das physikalische; die Lehre funktioniert nur auf der Ebene des Allgemeinen und läßt die Launen unserer individuellen Schicksale im Leben einfach außer Betracht; überdies ist sie sowohl in empirischer wie auch in wissenschaftlicher Hinsicht einfach falsch.

Somit war die neue philosophische Art des Denkens auf mancherlei Weise keineswegs so distanziert und innovativ, wie sie zu sein vorgab. Ältere Beschränkungen, ob biologischer oder politischer Art, machten sich immer noch oft bemerkbar.

Zweitens – ein damit zusammenhängender Punkt: Ein großer Teil des philosophischen Vokabulars ist in Wahrheit das alte Vokabular der Religion, nur ein wenig entmythologisiert oder schematisiert. So wird zum Beispiel das alte Wort für *Schicksal (anánkē)* bei entsprechender Säuberung zu dem neuen Wort für *Notwendigkeit* in sowohl logischer als auch metaphysischer Hinsicht. Selbst das Wort *Theorie* (*theoria*, ein Anblick oder Schauspiel) hat einen stark religiösen Hintergrund, so daß Theorie ursprünglich kein desinteressierter und kein intellektueller Blick war, sondern vielmehr ein teilnahmsvoller, religiöser Blick, der einem guttat, als sähe man Gott oder die Elevation der Hostie im Christentum (Urmson 1990).

Fassen wir also zusammen: Die Philosophie entstand nicht als eine völlig neue Art des Denkens, sondern vielmehr infolge der Säkularisierung weit älterer – und oft religiöser – Denkmuster.

Drittens: Die griechische Philosophie war von Anfang an – und ganz gewiß bei Parmenides und Platon – in ihrer Orientierung stark »realistisch«. Während die buddhistische Philosophie Freiheit von Leiden und Seelenfrieden zu erlangen suchte, war die westliche Philosophie hauptsächlich auf die Kenntnis des Realen hin ausgerichtet. Objektives Wissen wurde hoch geschätzt. An Gewißheit, Beweise und Klarheit wurden höchste Maßstäbe angelegt; und das Reale im Sinn von etwas anderem als wir, das überwältigend viel größer ist als wir, war etwas sehr Machtvolles jenseits von Zeit und Veränderung. (Siehe Rorty 1991, bes. S. 27–49.)

Warum macht das gewisse und objektive Wissen um das so verstandene Reale uns *glücklich*? Warum tut es uns gut? Mit dieser Behauptung wird immer angedeutet, daß wir auf irgendeine Weise die Attribute des Realen teilen werden –

seine Unsterblichkeit, seine Vollkommenheit, seine Güte –, und daß es uns auf diese Weise gelingen werde, unserem alten, schlechten, an die Zeit gebundenen Selbst zu entfliehen.

So sieht die Behauptung aus. Und im Augenblick lautet meine Schlußfolgerung einfach, daß der realistische Theismus – in dem Sinn des Glaubens, daß es da oben tatsächlich und buchstäblich eine unendliche und höchst reale allmächtige Person gibt, der wir vor allem anderen näherkommen müssen – seine Stärke großenteils der Art und Weise verdankt, in der die Griechen das westliche Denken ursprünglich ins Werk setzten. Die biblischen Autoren sind zum Glück viel zu verschieden, poetisch und eigensinnig, so daß man nicht sagen könnte, sie hätten in dieser Frage eine einzige Sicht. Und ich werde (in den Kapiteln 9 und 10) behaupten, daß die Verwendung des Wortes *Gott* durch Jesus von Nazareth betont jüdisch und nicht griechisch war – in Frage stellend, nicht philosophisch.

6 WO SIND DIE GÖTTER?

Der Philosoph Ernst Cassirer hat einmal geschrieben:

Der Mensch hat gleichsam eine neue Methode entdeckt, sich an seine Umgebung anzupassen. Zwischen dem Merknetz und dem Wirknetz, die uns bei allen Tierarten begegnen, finden wir beim Menschen ein drittes Verbindungsglied, das wir als »Symbolnetz« oder Symbolsystem bezeichnen können. Diese eigentümliche Leistung verwandelt sein gesamtes Dasein. Verglichen mit anderen Wesen, lebt der Mensch nicht nur in einer reicheren, umfassenderen Wirklichkeit; er lebt sozusagen in einer neuen *Dimension* der Wirklichkeit. (Cassirer, 1992, S. 49)

Ich stimme mit Cassirer darin überein, daß die Menschen ursprünglich durch ihre biologischen Bedürfnisse dazu getrieben wurden, die vielfältige und komplexe Welt symbolischer Sinninhalte zu entwickeln, in deren Rahmen sich jetzt unser ganzes Leben abspielt. Seine Äußerungen erfordern jedoch mindestens eine wichtige Einschränkung. Wenn man bedenkt, wie ungeheuer das Wissen um symbolische Kommunikation bei Tieren zugenommen hat, seit Cassirer diese Sätze schrieb, scheint es nicht mehr ganz angemessen zu sein, den *Menschen* als das *animal symbolicum* zu definieren. Das soziale und kommunikative Leben von Tieren erweist sich als weit vielfältiger, als man früher glaubte.

Ist es immer noch wichtig, den Versuch zu machen, etwas hervorzuheben, was unverkennbar und ausschließlich menschlich ist? Wenn ja, kann es sich dabei nicht einfach nur um symbolische Kommunikation, den Gebrauch von Werkzeugen, ein komplexes soziales Leben oder vielleicht auch nur Kunst handeln: Es wird in etwas gefunden werden müssen, was sich relativ spät entwickelt, nämlich der menschlichen Subjektivität. Die Hauptstadien bei dieser Entwicklung sind:

1. Die kognitiven Fähigkeiten des Menschen hören auf, rein modular zu sein, und werden statt dessen durch Synthese aufgebaut, um ein einheitlicheres Bewußtsein und eine einheitlichere Weltsicht zu erzeugen.
2. Der Strom symbolischer Ausdrucksmöglichkeiten wird allmählich so komplex, daß sich diese sich selbst zuwenden und selbst kommentieren können, was ein *Selbst*-Bewußtsein möglich macht.
3. Da in der frühen Bronzezeit die Götter sowohl mächtiger als auch menschlicher werden, wird auch die Beziehung zu dem Gott komplexer und dialektischer. Sie wird zu einer Schule in Subjektivität; die menschliche Individualität entsteht und entwickelt sich in der Beziehung zu dem Gott und durch sie.
4. Schließlich, im frühen Monotheismus, wird »Gott« als angenommener Widersacher postuliert, als Personifikation der Gesamtordnung der Dinge, den man in Frage stellen, preisen, tadeln und mit dem man streiten kann; und jetzt sind das Selbst und sein Gegenstück *ebenbürtige* Disputanten; die Sprache entwickelt sich unaufhaltsam weiter, und der Mensch entwickelt nach und nach alle seine Fähigkeiten.

Dieser Darstellung zufolge hat Gott uns erschaffen – zumindest in dem Sinn, daß wir erst den Mut forderten und dann langsam den Mut gewannen, mit unseren Göttern zu streiten, und so wir selbst wurden. Und Nietzsche hatte recht mit seiner Aussage, das Alte Testament sei das beste Buch der Welt, weil es das Buch der einzigen Religion sei, die vor allen anderen *nicht* einfach ein Kultussystem, sondern etwas weit Größeres sei – eine beständige Auseinandersetzung mit sich selbst. Nach der von mir vertretenen Ansicht taumelt der biblische Theismus stets am Rande des Atheismus und fällt oft in ihn hinein.

Damit bleibt vielleicht noch eine Frage, was die symbolische Ordnung angeht: Warum mußte sie diese eigentümliche Form annehmen, und welchen Status hat sie? Ich meine, was sind die Götter eigentlich, und wo haben sie ihren Sitz? Was sollen wir heutzutage von dieser ganzen seltsamen übernatürlichen Welt der Religion halten? Ein erheblicher Teil der Geistesgeschichte ließe sich als die Geschichte unserer verschiedenen Antworten auf diese Fragen schreiben – vielleicht sollte ich statt dessen lieber sagen, unserer verschiedenen *Veränderungen* dieser Fragen.

Einige wertvolle Hinweise finden wir in der religiösen Sprache. *Erstens* wird die Welt des Übernatürlichen stets so dargestellt, als wäre sie woanders angesiedelt und nicht hier. Sie kann vielleicht in einer mythischen Vergangenheit untergebracht sein, in der fernen Zukunft, im Jenseits, auf der Spitze des heiligen Berges oder auf dem Meeresgrund, vielleicht sogar in einem Reinen Land jenseits des Meeres; hier ist sie jedenfalls nicht. Es besteht offenkundig die sehr klare Absicht, uns zu signalisieren, daß die Welt der Götter nicht die alltägliche Welt ist.

Gleichwohl wird *zweitens* ebenfalls darauf beharrt, daß jeder einzelne Augenblick und räumliche Punkt in der Alltagswelt dem Blick und dem Handeln der heiligen Welt ausgesetzt wird. Jedes Ereignis und jedes Objekt in der Alltagswelt hat in der himmlischen Welt ein Urbild oder wird durch die himmlische Welt bewirkt. Somit ist Gott im Theismus, obwohl er im Himmel lebt und nicht zu sehen ist, auch auf Erden allgegenwärtig, wo er alles Geschehen kontrolliert.

Die beiden Welten unterscheiden sich folglich klar voneinander, sind zugleich aber tief miteinander verwoben. Und *drittens* scheint angenommen zu werden, daß jeder Mensch sozusagen darauf vorprogrammiert ist, den Unterschied zwischen ihnen zu erkennen. Ein Beispiel: Jemand liest seinen Kindern vielleicht zehn Jahre lang Gutenacht-Geschichten vor – Geschichten von Hexen und Riesen, magischen und sprechenden Tieren, Geschichten mit einem höchst kunstvoll aufgebauten übernatürlichen Apparat –, er wird jedoch seine Kinder nie darüber klagen hören, wie unglaubwürdig diese Geschichten seien. Sie akzeptieren sie, ohne Einwände zu erheben, und wissen genau, wie sie die Geschichten nehmen, wo sie sie einordnen und welchen Gebrauch sie künftig von ihnen machen müssen.

Was genau ist es, das unsere Kinder so gut verstehen, wir aber vergessen haben? Kurz, Kinder erkennen an bestimmten kleinen Hinweisen, die meist zu Beginn einer Geschichte gegeben werden, daß die übernatürliche Welt transzendental ist. Nicht transzendent, sondern transzenden*tal*; nicht oben, sondern vorausgesetzt; keine Daten, sondern Programmieren; nicht gegeben *in* der Welt der alltäglichen Erfahrung, sondern die übernatürliche Welt liefert die Maßstäbe und Muster, die *auf* die Daten der Erfahrung angewendet werden müssen. Übernatürliche Geschichten geben keine Informationen, sie programmieren den Geist.

Doch ich greife den Dingen vor. Für den Augenblick wollen wir einfach nur die drei Hinweise im Hinterkopf behalten: Die übernatürliche Welt ist anders als die alltägliche; sie berührt gleichwohl die Alltagswelt an jedem Punkt und liefert alle Muster, aus denen die Alltagswelt besteht; und irgendwie weiß jedes Kind, was sie ist und wie sie funktioniert.

Wie also sieht die Geschichte der übernatürlichen Welt aus, die Welt der Idealkultur der Menschheit? Ich habe sie in einer Reihe von Stadien skizziert. Schon während des Paläolithikums mußten die Menschen, um überleben zu können, eine Vielfalt widerstandsfähiger Pflanzen- und Tierarten sowie regelmäßige Zyklen der Natur auswählen und ihre Aufmerksamkeit darauf konzentrieren, um ein Fundament für den Strom der Erfahrungen zu erhalten. Die Menschen mußten lernen, zwischen dem vergänglichen Individuum und der relativ widerstandsfähigen allgemeinen Art oder dem Muster zu unterscheiden, von dem es ein Exemplar ist; und sie mußten die Vorrangstellung der Art erkennen. Dies taten sie, indem sie das Allgemeine als einen totemistischen Ahnen oder Geist darstellten, den man sich so vorstellte, als würde er irgendwie alle Angehörigen seiner Art kontrollieren.

Für den frühen Jäger war es mindestens so schwierig, bei der Sache zu bleiben, wie für einen modernen Menschen. Er war nicht klüger als wir. Doch er mußte bei der Jagd erfolgreich sein, und das war eine Aufgabe, die über viele Stunden hinweg intensive Umsicht und Konzentration erforderte. Das wurde durch eine »Personifikation« der Art erreicht, die der Mann jagte, und zwar im Totem oder im Geist. Der Jäger war von dem Bild oder dem Geist des Geschöpfs, nach dem er Ausschau hielt, »besessen«, wenn er sich auf den Weg machte. Und dieser Zustand der Besessenheit, der durch eine Vielzahl verschiedener ritueller Mittel erreicht wurde, etwa durch Tanz, war der erste menschliche Zustand großer intellektueller Konzentration. Es funktionierte. Wir haben überlebt: Schließlich gibt es uns noch.

In ihrer frühesten Form war die übernatürliche Welt der Religion somit eine Geisterwelt, welche die verschiedenen natürlichen Arten, Kräfte und Ordnungen sowie die großen kosmischen Regionen repräsentierte und kontrollierte. Sie war eine symbolische Repräsentation der natürlichen Welt, und zwar in besonders autoritativer und praktischer Form.

Im Neolithikum mußte sich die übernatürliche Welt der Religion ändern, um den Menschen die neue und noch strengere Disziplin einer Staatsgesellschaft aufzuzwingen. Die Geisterwesen werden jetzt noch weit mächtiger und herrischer – und auch menschlicher, weil die Welt jetzt eine weit etabliertere und differenziertere soziale Welt des Menschen ist. Nunmehr werden aus den Geistern Götter, und die Götter repräsentieren menschliche Aufgaben, etwa die Bearbeitung von Metall, das Einbringen der Ernte, sittliche Eigenschaften wie Weisheit und Gerechtigkeit, und soziale Rollen, etwa die des Gesetzgebers, des Kriegers und des Bauern. Doch die übernatürliche Welt bleibt immer noch eine Welt universaler Urbilder und Taten, welche sämtliche Maßstäbe vorgeben und alle Formen vorschreiben.

Vielleicht ist alle Philosophie – oder zumindest der überwiegende Teil davon – entmythologisierte Religion: Gewiß beschreibt Platon, der dieses Erbe übernommen hat, die Welt von Göttern und Geistern in der Sprache der Philosophie neu als eine rein aus der Vernunft erkannte Welt universaler, Maßstäbe setzender Ideen. Und für ihn scheint es eine tatsächlich existierende, von der Seele unabhängige Welt im Jenseits zu sein. Vielleicht sind all die Menschen, die an objektive moralische und intellektuelle Maßstäbe glauben, heute noch mit ihm einer Meinung.

In einem weiteren Stadium der Geschichte, während des christlichen Zeitalters, findet eine eigentümliche Rückbesinnung und Verdoppelung statt. Die gesamte Ideenwelt findet sich in den Geist Gottes aufgenommen, wo die Göttlichen Ideen als die Urbilder erschaffener Dinge gesehen werden; gleichwohl finden sich die Ideen zugleich in *eidola* verwandelt und dann in *Engel*, Schutzgeister – Vollstrecker des göttlichen Willens, Hüter von Personen und Gruppen sowie Verkörperungen verschiedener Naturkräfte und Eigenschaften (von Thronen, Herrschaften, Tugenden, Fürstentümern, und so weiter). Und der eine Gott ist noch auf eine dritte Weise mit einer pluralistischen Welt verbunden: durch die östlich-orthodoxe Doktrin von den ausstrahlenden göttlichen *Energien*.

Und in der Philosophie Kants findet eine weitere Umkehr statt. Die Welt wird umgekrempelt, der platonische Realismus wird in den deutschen Idealismus umgewandelt. Die ganze Ideenwelt wird plötzlich verinnerlicht, jetzt nicht in Gott, sondern in *uns*. Statt transzendent zu sein, wird sie jetzt als transzendent*al* gesehen. In Kants Lehrstücken von der wahren Erkenntnis umfaßt der Begriff »transzendental« alle rein formalen (apriorischen) Bedingungen einer möglichen Erfahrung. Die Alltagswelt wird nicht durch eine schon existierende Ideenwelt geformt, sondern durch uns, nämlich in und durch unser Wissen von ihr. Die Welt der Ideen ist keine real existierende objektive Welt mehr, sondern ist zu einem inneren und vorausgesetzten Programmieren unseres Geistes geworden. (Beispielsweise können unsere Sehnerven natürlich keinen dreidimensionalen Raum in die Sehrinde übertragen. Es geschieht vielmehr folgendes: Wir müssen den dreidimensionalen Raum a priori voraussetzen und dann den Strom einlaufender visueller Daten hinzugeben.)

Kant wandelte also die alte objektive Ordnung der durch den Verstand erkennbaren Substanzen und Maßstäbe in einen Rahmen von Kategorien und Begriffen um, um die herum wir unsere Welt erschaffen.

Jetzt wird die Geschichte allmählich wirklich kompliziert; doch hier brauchen wir nur die letzte Stufe des Arguments, in der Kants Ordnung transzendentaler Kategorien und Begriffe schließlich einfach in *Sprache* übersetzt wird – und jetzt schließt sich der Kreis. Die Menschen des Paläolithikums hatten schon Sprache, und die Sprache enthält schon die Gattungsnamen und andere allgemeine Begriffe, die genau das sind, worum sich diese ganze Geschichte gedreht hat! Die Geschichte des menschlichen Denkens ist die Geschichte unserer Entdeckung alles dessen gewesen, was von Anfang an in unserer Sprache, unserer ersten und größten Erfindung, schweigend inbegriffen war; und es stellt sich heraus, daß die übernatürliche Welt der Religion seit Anbeginn auf verschiedene Weise eine mythische Repräsentation der wahrhaft magischen Welt der linguistischen Bedeutung gewesen ist.

Scheint dies eine eigenartige Lehre zu sein? Man sollte bedenken, daß Religion von Anfang an von Sprache besessen war. Überall auf der Welt halten es die Menschen für selbstverständlich, daß Götter Namen haben, daß sie sich der Sprache bedienen, und daß ihre Äußerungen Worte der Macht sind. Ferner ist es für die Menschen selbstverständlich, daß man sich an Götter wenden kann und daß alles, wovon Religion handelt, nicht ohne Sprache auskommt: heilige Schriften, Kommentare, Unterweisungen, Predigten, Riten, Ritualbücher, Glaubensbekenntnisse – aber auch Häresien, weil Gott der Meister des Sinngehalts ist und weil er eine strikte Kontrolle der Sprache fordert. Daher die große Sorge der Religion um die Sprache und auch Furcht und Zorn, die durch »schlechte« Sprache, Blasphemie und durch Verwässerung linguistischer Sinngehalte ausgelöst werden.

Es wird wie folgt argumentiert: Der Religion ist schon immer klar gewesen, daß unsere Welt durch unsere Sprache geformt und unser Leben durch unsere Sprache beherrscht wird. Das zumindest ist wahr. Die Vision von der Welt als einer vollendeten und stabilen göttlichen Schöpfung, einem Kosmos, hängt davon ab, daß Gott die sprachlichen Sinninhalte vollständig beherrscht. Um der Welt Stetigkeit zu verleihen, müssen wir all unsere sprachlichen Sinninhalte stabil und unverändert halten und Wörter nur in dem Sinn benutzen, wie Gott sie benutzte, als er seinen Weltplan in die Tat umsetzte.

Die Entschlüsselung wird einfach, wenn wir daran denken, wie stark die sprachlichen Metaphern in der christlichen Lehre vom Logos und der Dreieinigkeit ursprünglich waren. Gott ist der Sprecher. Jesus Christus ist der Logos, sein *Sinn*, der in seinem Herzen gezeugt und in die Welt hinausgeschickt worden ist, um den Willen des Herrn umzusetzen. Der Geist ist die antreibende, aktivierende Macht der Sprache. Die Allmacht Gottes und seine Unveränderbarkeit garantieren die Stabilität der ganzen Welt der Sinninhalte und damit auch die Stabilität des aus Sprache gebildeten Kosmos.

Bei näherer Betrachtung sehen wir also, daß der religiöse Offenbarungsglaube das sprachlich Übernatürliche ist. (*Das sprachlich Übernatürliche* ist der Glaube, daß die Bedeutung von Wörtern – oder von einigen Schlüsselwörtern – Absoluta seien, unveränderbar, dort oben festgesetzt und objektiv.) Jetzt erkennen wir, warum das Studium der *Gottheit* das Studium der »Heiligen Schriften« oder »heiliger Buchstaben« war und weshalb so viele religiöse Texte *auswendig* gelernt wurden. Das Reich des Göttlichen *war* einfach ein festes und kanonisches System sprachlicher Sinninhalte. Solange sie stetig blieben, hatte auch die Welt sicheren Halt, und auch die alten religiösen Systeme blieben unverändert erhalten. Heute haben wir zwei oder drei Jahrhunderte lang mit der freien Meinungsäußerung und einem rapiden Kulturwandel gelebt: Vielleicht erinnern wir uns nicht mehr daran, wie strikt die traditionelle Gesellschaft in Fragen der Kontrolle von Sinninhalten und der Form von Wörtern war und warum das den Menschen früherer Zeiten so wichtig zu sein schien.

ZWEITER TEIL

DER TOD DER GÖTTER

7 MYSTIZISMUS

Vor dem Aufkommen der Philosophie war die religiöse Sprache (wie ich schon dargelegt habe) poetisch, erzieherisch und durch die praktischen und sozialen Bedürfnisse gestaltet, die sie erfüllte, sowie durch den Gebrauch, den man von ihr machte. Es ist anachronistisch zu fragen, wie wörtlich die Menschen damals ihre Glaubensvorstellungen nahmen, denn sie dürften überwiegend noch keine Vorstellung von einem spekulativen Wissen um eine reale außermenschliche Ordnung der Dinge besessen haben. Für sie stellte sich die Frage vom Festhalten am Buchstaben oder Realismus nicht, und es genügt, wenn man ihre Zeichen einfach als Zeichen betrachtet.

Wenn wir uns also darum bemühen, im Rahmen ihres Horizonts zu bleiben, haben wir festgestellt, daß *die Seele* ein Lebenszeichen ist, daß *Geister* Zeichen der Kräfte, Eigenschaften und Arten sind, die am dringlichsten erkannt werden müssen, und daß *Götter* Zeichen von Macht und moralischer Autorität sind. Und schließlich sehen wir, daß *Gott* ein Herrenwort ist, das die Gesamtordnung der Dinge, in der wir leben, vollständig einschließt und sie in einer Weise verkörpert, die in uns oft den Wunsch auslöst, es zu verehren und manchmal zu tadeln.

An dieser Stelle sollte angemerkt werden, daß die Anwendungen des Wortes *Gott* sich mit einer überraschenden Vielzahl anderer Wörter überschneiden, die in einem sehr ähnlichen Wortsinn gebraucht werden: *Schicksal, Glück, Zufall, Geschichte, Dinge, es, alles, Leben, Würfeln, Bestimmung, Zeit, so ist es nun mal*, und so weiter. Die Ähnlichkeit zwischen diesen Wörtern und *Gott* fällt uns auf, aber gleichzeitig bemerken wir kleine regionale Unterschiede. So wie wir vielleicht sagen würden: »Es ist heiß heute«, würden die Menschen in Teilen Afrikas sagen: »Gott ist heiß heute«; und wo manche sagen: »Darüber wird Gott urteilen«, sagen andere: »Darüber wird die Geschichte ihr Urteil sprechen« oder: »Die Zeit wird es erweisen«.

Diese Überlegungen könnten den Schluß nahelegen, daß sich über das Wort *Gott* nicht mehr sagen ließe, als man einer aufmerksamen Betrachtung seiner heutigen Anwendungen entnehmen kann. Die griechische Philosophie aber hat natürlich weit mehr unternommen als das. Von einem frühen Stadium an bemühte sie sich bewußt, spekulatives Wissen um das objektiv Reale zu gewinnen, eine Realität, die man als Ordnung ansehen konnte, die entweder durch den Verstand das Wesentliche erfaßt oder als rein selbstgenügsames Sein existiert. In dieser Kontemplation hoffte der Philosoph, ewiges Glück zu finden.

Angesichts dieser Orientierung auf das Wissen von etwas höchst Realem, mit dem Verstand Faßbarem, Wertvollem und Segenspendendem war zu erwarten, daß sich die griechische Philosophie am Ende auf irgendeine Form von realistischem Theismus zubewegen würde. Und tatsächlich nahm eine entwickelte religiöse Gottesphilosophie in den ersten vier oder fünf Jahrhunderten unserer Zeitrechnung allmählich Gestalt an. Die Schlüsselnamen sind die des jüdischen Schriftstellers Philon von Alexandria, die der Philosophen Albinus und Plotin sowie die folgenden christlichen Autoren: Origenes, das theologische Dreigestirn der großen Kappadokier (Basilius der Große, Gregor von Nazianz und Gregor von Nyssa), Augustinus sowie der Pseudo-Dionysius. Weil Augustinus sich voll und ganz angeeignet hat, was es bedeutet, wenn man sagt, Gott sei unendlich und alle Dinge seien von dem göttlichen Willen abhängig, läßt sich sagen, daß der klassische abrahamische Monotheismus des Typus, der noch immer von vielen oder den meisten Moslems, Christen und Juden aufrechterhalten wird, erstmals und am besten von Augustinus dargelegt und verstanden worden ist.

Doch selbst zu der Zeit, als sich die Lehre von Gott noch entwickelte, tauchten auch Probleme auf, die noch nie gelöst worden sind. Schon bei Philon von Alexandria (um nur ein Beispiel zu nennen) heißt es, daß Gott ganz und gar transzendent sei; wenn aber Gott tatsächlich über die Kategorien unseres Verständnisses hinausweist, muß er sich auch unserem Erkenntnisvermögen entziehen und in unserer Sprache unbeschreibbar sein. Diese Überlegung läßt sich vielleicht direkt bis zu Platons *Politeia* (Der Staat) zurückverfolgen, aber sehen wir uns an, was daraus folgt: Die postmoderne »Krise der Repräsentation« begann mit Gott, und zwar kurz nach Beginn der westlichen Überlieferung. Die Denker fanden erstmals auf dem Gebiet der *Theologie* Anlaß, sich zu fragen, wie man sich bei der beschreibenden menschlichen Sprache vorstellen könne, daß sie sich bei ihrem Gegenstand festhake oder ihn einschließe. Und wenn sich diese Frage – sobald sie einmal klar gestellt ist –, wie man sich bei der Sprache vorstellen könne, als würde sie etwas vermeintlich von sich selbst klar Unterschiedenes und außerhalb der Sprache Befindliches festnageln und fixieren, als unbeantwortbar erweist, hat es den Anschein, als wäre der realistische Theismus ein von vornherein zum Scheitern verurteiltes Vorhaben.

Noch größere Probleme entstanden, als man sich Gott in der Zeit nach Plotin als unendlich vorstellte und mit unendlichen Attributen ausgestattet hat. Denn Gottes unendliche Attribute müssen im Vergleich dazu alles *verneinen*, was bloß endlich und kreatürlich ist; und wenn man sich in der von Augustinus gegründeten Tradition der westlichen Theologie jedes Ding und jedes Ereignis als vollkommen von der Verfügung eines unendlichen und unerforschlichen höchsten Willens abhängig vorzustellen hat, ist das Ergebnis ein so extremer Positivismus, daß er an Nihilismus grenzt (Gillespie 1995). Die Welt ist auf unzusammenhängende Stücke reduziert, von denen jedes so ist, wie es ist, weil Gott es so gewollt hat, und damit hat es sich. Menschen können nicht erwarten, je irgend etwas voll und ganz zu verstehen, es sei denn mit Hilfe einer gnädig gewährten übernatürlichen Erleuchtung des Geistes. Das Bemühen um säkulares Wissen ist nutzlos, Eitelkeit, Neugier – mit einem Wort, *Sünde*. Nach Augustinus ist die Kultur zerstört, die einzig rationale Lebensform ist die des Mönchs, und damit ist das finstere Mittelalter unvermeidlich. So sah das katastrophale Ende der großen klassischen Überlieferung aus. Wie sind wir dem entronnen? Später scheint Arthur Kroker die Ansicht zu äußern, Nietzsche habe die Lehre des Augustinus vom *göttlichen* Willen zum Willen umgeformt und diesen zur Grundlage einer Erneuerung der Kultur gemacht, nämlich durch den *menschlichen* Willen zur Macht. Das hat unsere Lage ein wenig erleichtert, da wir von nun an einige Hoffnung haben können, eine Welt zu verstehen, die wir selbst gewollt haben (siehe Kroker und Cook 1988, S. 58–62).

Diese Ansicht könnte vermuten lassen, daß die Lehre von einem wirklichen, unendlichen Gott unzusammenhängend, zerstörerisch und eine kulturelle Katastrophe sei. Doch das wäre eine zu einfache Sicht, da wir gerechterweise hinzufügen müssen, daß genau dieselben Denker, welche die Lehren von Gottes unendlichem und absolutem Sein, seinem Willen und seiner Macht entwickelten, auch die Erfinder einer dekonstruktiven Tradition waren. Interessanter- und paradoxerweise kann man bei ein und demselben klassischen theologischen Autor – oft im selben Text – entdecken, daß er *einmal* eine leidenschaftliche und nihilistische Theologie der absoluten göttlichen Souveränität und Macht aufbaut, *zum anderen* diese aber zugleich umstößt, indem er sie auf die vertrauten dekonstruktiven Techniken der mystischen Theologie anwendet. Augustinus ist ein Beispiel, aber es hat noch viele weitere gegeben.

Meist wird etwa wie folgt argumentiert: Als die *arché*, das erste Prinzip oder die auf sich selbst gestützte Grundlage aller Dinge ist Gott absolut einzig und einfach, aber auch unendlich. Gott hat keinen Körper, keine Teile oder Leidenschaften. Er hat keine Struktur. Es gibt bei Gott keine *differentia*, keinen Kontrast, nichts, was man aussondern oder greifen kann. Ebensowenig kann man Gott »näher« kommen, weil er in seiner ganzen Wirklichkeit überall allgegenwärtig ist und zugleich auch unendlich anders als wir. Wir treffen schon jetzt immer mit einem Gott zusammen, der stets jenseits menschlicher Erkenntnis ist. Im kontemplativen Gebet wird Gott daher nur als nackte, formlose unendliche Leere wahrgenommen, die man genausogut als blendendes Licht oder tiefe Dunkelheit beschreiben könnte, als Fülle des Seins oder absolutes Nichts, als Fülle oder Leere (zum Beispiel Carter 1990). Und der Zustand des Ruhens in Gott ließe sich ebensogut als Zustand des absoluten Wissens oder als ein Zustand des reinsten Unwissens beschreiben.

In diesem Zustand, bei der Teilhabe an diesem Zustand, wenn das Selbst in diesen Zustand entleert ist, wird es gewahr, daß es in der gleichen Art und Weise enthront (oder dekonstruiert) wird wie Gott; somit verschwindet im kontemplativen Gebet der Unterschied zwischen Theismus und Atheismus, aber auch die Unterscheidung zwischen Selbst und Nicht-Selbst. Gott ist verloren, und ich bin in nichtiger Seligkeit verloren. Religiöse Sprache wird rein expressiv und ekstatisch wie in der mystischen Sprache des Augustinus.

Man sollte allerdings hinzufügen, daß Augustinus in seinen späteren Schriften ein verhältnismäßig starkes menschliches Selbst präsentiert, ein Selbst mit einer dreifachen Struktur, das er als ein Bild oder Spiegelbild der Trinität zu benutzen sucht. Indem er so in den Spiegel seiner Seele blickt, hofft Augustinus, beim Blick über die Schulter ein Spiegelbild seines Gottes zu sehen. Gott ist vielleicht das Andere oder das Gegenstück seines Selbst. Bei dieser Form von Mystizismus geht der Unterschied zwischen Kopie und Original jedoch verloren, so daß Augustinus die mystische Dekonstruktion noch einmal erlebt. Er kann nicht sagen, ob Gott eine Projektion seines dreieinigen Selbst ist oder ob sein eigenes Selbst ein erschaffenes Bild des dreieinigen Gottes ist. Wieder verschwindet der Unterschied, er ist einfach unerheblich. So macht uns das Gebet irgendwann alle zu Buddhisten und führt uns in die glückselige Leere.

Der Grund, weshalb ein Autor wie Augustinus eine autoritäre Gottesphilosophie sowohl aufbaut als auch demontiert, hat wiederum etwas mit Realismus zu tun. Als Erbe der Tradition der griechischen Philosophie, als großer Kirchenmann und als Mitglied der herrschenden Klasse weiß Augustinus, daß er Gottes objektive und vom Geist unabhängige Existenz lehren muß. In höchst unruhigen Zeiten ist es vor allem notwendig, daß das Volk von der objektiven Wahrheit des kirchlichen Glaubens überzeugt ist, von der disziplinarischen Autorität der Kirche und den schrecklichen Sanktionen, die sie für den Notfall bereithält. Dem Volk muß Realismus beigebracht werden.

Aber Religion ist nicht nur ein Werkzeug gesellschaftlicher Kontrolle, sondern auch ein Weg zur Erlösung. Wie jeder andere Gläubige wünscht sich auch Augustinus, mit dem Gott vereint zu sein, an den er wahrhaft glaubt. Und jetzt sieht er sich der Schwierigkeit gegenüber, daß sein Realismus ihn Gott entfremdet hat. Realismus mag für einfache Menschen notwendig sein, für einen selbst ist er jedoch schrecklich. Gottes Realität ist über den Geist hinweg etabliert worden, indem eine ganze Reihe metaphysischer Gegensätze aufgestellt worden ist – zwischen dem Endlichen und dem Unendlichen, dem Zeitlichen und dem Ewigen, dem Sinnlichen und dem rein Spirituellen, und so weiter. Der aus all diesen Trennungen erbaute Gott wird wie eine unendliche Mauer aus glattem, schwarzem Marmor gegen das Selbst aufgerichtet und sperrt alles aus. Religiöser Fortschritt läßt sich nur erreichen, indem man alle binären Gegensätze niederreißt, mit denen die realistische Lehre von Gott erst erschaffen wurde.

Die besonderen literarischen Techniken des mystischen Schreibens zielen deshalb darauf ab, die klassischen metaphysischen Gegensätze aufzulösen und den Realismus zu beenden, was die Wirkung zur Folge hat, als wären Gott und das Selbst miteinander verschmolzen worden. Das Ergebnis wird meist als Auflösung der Seele bezeichnet, verbunden mit der außergewöhnlichen Folge von religiöser Befreiung und Glück, eine Art intellektueller Orgasmus, den manche als »Vereinigung mit Gott« oder »spirituelle Heirat« bezeichnen, andere aber als »Atheismus«, den sie bestraft zu sehen wünschen.

Die besten mystischen »Post-Realisten« – Gestalten wie Spinoza bei den Juden, al-Hallaj bei den Moslems und Meister Eckhart bei den Christen – sind von ihren jeweiligen Mitgläubigen entsprechend bestraft worden. Bestraft, weil sie recht hatten, weil der Mystizismus alles verrät. Er demontiert Gott um Gottes willen (siehe Evans 1990, S. 59; Cupitt 1994 und Kelly 1977), weil er es muß.

Aus Gründen, die etwas mit Politik und Macht zu tun haben, fühlen sich die religiösen Autoritäten und Menschen ganz allgemein der realistischen Vorstellung von Gott verpflichtet und werden diese Haltung zweifellos auch weiterhin einnehmen. Aber die wenigen, die aufrichtig religiöses Glück zu erreichen wünschen, werden auch weiterhin entdecken, daß der Weg dazu darin besteht, die realistischen Lehren sowohl von Gott als auch vom Selbst zu zerstören und aufzulösen, damit die beiden miteinander verschmolzen werden können. Die spirituelle Ehe ist eingestandenermaßen eine tödliche Häresie, aber auch ewiges Glück.

Die letzte Ironie der Religion: Am Ende stimmt alles, was wir am tiefsten ersehnt haben, mit allem überein, was wir am meisten gefürchtet haben, und erweist sich als das gleiche. Alle großen Unterschiede und Gegensätze, aus denen wir unsere Ideen von Gott, der Welt und dem Selbst errichtet haben, sind aufgelöst, und das Ergebnis ist ... Nihilismus? Seligkeit? Natürlich beides. Die Auflösung Gottes und die Tatsache, daß wir eine vollkommene Vereinigung mit Gott erreichen, sind ein und dasselbe.

8 DAS ENDE DER DOGMATISCHEN METAPHYSIK

Im späten vierten Jahrhundert hatte sich die westliche Überlieferung, wie ich schon gesagt habe, dem realistischen philosophischen Theismus zugewandt.

Hier sollte sofort gesagt werden, daß die Ehe des Glaubens mit der Philosophie nie ganz problemlos und glücklich gewesen ist. Im Gegenteil, die Schwierigkeiten, die dem philosophischen Monotheismus am Ende den Garaus machten, wurden von einigen schon von Anfang an erkannt. Wenn Gott ein einfaches, unendliches, notwendiges Wesen ist, muß er alles ausfüllen. Wo ist dann noch »Raum« für etwas anderes, das neben Gott existieren kann und sich von ihm unterscheidet oder von ihm unabhängig ist? Wie kann der so definierte Gott den vielfältigen Zufällen einer sich verändernden, zeitlichen, erschaffenen Welt verbunden sein? Wie kann man sich Gott als *persönlich* denken oder in unserer Sprache beschreiben? Und wenn Gott so unendlich und überwältigend unser eines großes Ziel im Leben ist, unser Hauptzweck, muß er dann nicht alle anderen kulturellen Anliegen auslöschen?

Wenn wir diese und vergleichbare Fragen bedenken und uns auch überlegen, wie vollständig wir uns einer von Grund auf post-metaphysischen Lebenssicht verschrieben haben, könnten wir uns durchaus fragen, wie die alte metaphysische Art des Gottesglaubens je so zwingend und klar hat erscheinen können.

Die Antwort ist, daß der philosophische Glaube an Gott nicht allein dastand. Er war von einer Unzahl profunder Annahmen umgeben und in diese eingebettet. Diese Vermutungen stützten ihn und verliehen ihm Verständlichkeit. Die meisten davon ließen sich letztlich auf Platon zurückführen. Diese Annahmen waren die sogenannten »absoluten Voraussetzungen« (eine Formulierung von R. G. Collingwood) der alten westlichen Kultur. Wir wußten einfach nicht, wie viele es waren und wie tief sie gingen; doch nach und nach, nämlich in der Zeit zwischen Descartes und Derrida, wurden sie durch die neue kritische Art von Philosophie ans Licht geholt. Als sie enthüllt waren, entstand die Frage, ob sie sich beweisen ließen. Kant versuchte zu zeigen, daß man sie beweisen könne, zumindest einige von ihnen, doch das nur auf eine Weise, die eine Preisgabe der alten Metaphysik von Gott bedeutet hätte. Statt objektive Wahrheiten zu sein, die einen objektiven Gott stützten, machte Kant sie zu nichts weiter als strukturellen Voraussetzungen und Postulaten unseres Wissens und moralischen Handelns. Andere bewundern zwar Kants großangelegten Versuch, einen Kompromiß zu finden, sind aber vielmehr der Meinung, daß die alten platonischen Annahmen zusammenbrachen und zu Staub zerbröselten, sobald sie dem Licht ausgesetzt waren. Kaum konnten wir sehen, entdeckten wir, daß sie unbegründet sind.

Aber was *waren* diese Annahmen? Gelegentlich vernehmen wir Äußerungen, die uns einen Eindruck von ihrem andauernden Einfluß vermitteln. Wir sollten eine solche Gelegenheit beim Schopf packen und analysieren, was wir hören.

Als beispielsweise vor einigen Jahren der Senior Fellow meines Colleges gestorben war, beugte sich sein Nachfolger bei einem Essen zu mir über den Tisch und sagte mit einer seltsam rauhen Stimme, ein wenig grimmig, sardonisch, triumphierend, mit Nachdruck, ein wenig ängstlich und sogar neidisch: »Nun, *jetzt weiß er's*, nicht wahr?«

Diese Worte sind ein Fenster. Ich dachte ein paar Tage lang über sie nach, analysierte sie, und dies war das Ergebnis:

Leben

1. Wahrheit wird von uns nicht hergestellt; sie wird von uns entdeckt oder ent-deckt sich uns (das lateinische velum, »Schleier«, taucht in den englischen Wörtern *to re-veal* oder *to un-veil* auf).
2. Die Antworten auf alle richtig formulierten Fragen, sowohl auf Tatsachen als auch auf Wertvorstellungen bezogene Fragen, sind objektiv schon vorher gegeben.
3. Es gibt eine große und endgültige Antwort auf das Rätsel unseres Daseins, die uns da draußen erwartet.
4. Alle diese Wahrheiten und Antworten (2, 3) sind unseren Fähigkeiten und Bedürfnissen sozusagen *maßgeschneidert* angepaßt. Sie sind uns grundsätzlich zugänglich und verständlich, so daß wir billigerweise hoffen und erwarten dürfen, sie zu entdecken, oder damit rechnen dürfen, daß sie sich uns enthüllen.
5. Somit gibt es zwischen Gedanke und Sein, Sprache und Realität etwas recht *Verwirrendes*, nämlich eine vorherbestimmte Harmonie; zwischen den Fragen, die wir stellen wollen, und der Antwort, welche die Natur der Dinge für uns bereithält. (Man beachte, daß diese höchst erstaunliche Doktrin auch diejenige ist, die als zutiefst selbstverständlich gilt.)
6. Die endgültige Antwort wird uns im Tod oder durch den Tod enthüllt werden.
7. Unser Leben ist eine Pilgerreise zum Tod, dem Augenblick der Wahrheit, dem Augenblick des absoluten Wissens.
8. Unser Leben ist somit eine Reise vom
   (a) Relativen zum Absoluten; von
   (b) Zeit zu Ewigkeit; von
   (c) der sich verändernden, sinnlichen Welt des Werdens zum Reich des reinen, zeitlosen, verständlichen Seins; vom

(d) Besonderen zum Allgemeinen; sowie von
(e) dem mittelbaren, diskursiven, dunkel wie durch ein Glas wahrgenommenen Wissen zum reinen, unmißverständlichen Sehen von Angesicht zu Angesicht.

9. Das Leben eines jeden Menschen ist vorherbestimmt, und es gibt eine große Geschichte von allem, deren Handlung uns in einem Buch enthüllt worden ist.

Das ist in knappen Umrissen die Weltsicht, die Geschichte vom Sinn des Lebens, die mein alter Freund beim Mittagessen beschwor. Aber das war Anfang der achtziger Jahre, und er wußte genausogut wie jeder andere, daß dies alles höchst fragwürdig ist. Sein grimmiger, sardonischer Tonfall entsprang dem Gedanken, daß man sich beim Tod immer noch darauf verlassen kann, daß er die Frage für jeden von uns regelt, wenn wir an der Reihe sind. (Inzwischen ist er selbst tot, so daß die Frage auch für ihn geklärt ist.)

Das mag für den Augenblick genügen. Unter Punkt 8 habe ich eine Reihe binärer Gegensätze genannt. Sie haben sich ergeben, nämlich im Zusammenhang mit folgender Überlegung: Es besteht ein Unterschied zwischen dem, wie die Dinge während der Lebensreise sind, und dem, wie wir sie uns erhoffen, wenn wir an den Bestimmungsort des Lebens gelangen. Es sind Gegensätze zwischen zwei Welten, der irdischen und der himmlischen:

Die binären Gegensätze

10. Die binären Gegensätze (wie unter Nr. 8, a–e aufgeführt) und eine Reihe anderer, verwandter Gegensätze sind sämtlich analog asymmetrisch.
11. In allen genannten Fällen ist der zweite Teil des Paars:
    (a) vorausgehend;
    (b) höherrangig (das heißt größer sowohl wert- wie realitätsentsprechend und somit Maßstäbe setzend) und

(c) beherrscht auf gewisse Weise den ersten Teil, erzeugt ihn oder läßt ihn entstehen.

12. Somit ist die spirituelle Welt da oben in jeder Hinsicht besser und größer als diese materielle Welt unten auf Erden.

Sein und Wert

13. Es gibt Abstufungen von Realität und Wert.
14. Die Gradeinteilung des Seins ist auch eine Gradeinteilung von Wert, Güte oder Vollkommenheit.
15. Das Realste ist daher das Beste und umgekehrt, denn das Höchste Gute ist die Höchste Realität – muß es sein.
16. Um die höchste Wissensstufe zu erlangen, müssen wir unsere Seelen reinigen und uns vervollkommnen; insbesondere sollte man sich auf den Tod vorbereiten.

An dieser Stelle sollten wir noch einige der wichtigsten kausalen Maximen nennen:

Kausalität

17. *Ex nihilo nihil fit* (»Aus nichts entsteht nichts«).
18. Jede Veränderung hat eine Ursache; oder das Sein jedes Dings hat eine Ursache.
19. Die Ursache geht der Wirkung voraus; die Ursache ist für die Wirkung *verantwortlich* oder *begründet* sie.
20. Die Ursache ist in der Realität der Wirkung übergeordnet.
21. Die Eigenschaften, die man in der Wirkung findet, sind schon vorher in höherem Maße in der Ursache angelegt.

Die Beziehung Ursache–Wirkung ist somit der Beziehung Vater–Sohn nachgebildet, so wie diese in einer traditionell landwirtschaftlichen und patriarchalischen Gesellschaft wahrgenommen wurde. Jede Wirkung ist in der Ursache wiederzuerkennen, so wie der Sohn ganz nach dem Vater kommt, und jedes erschaffene Ding ist ein endliches, gebrochenes Bild seines kosmischen Schöpfer-Vaters.

Für unsere gegenwärtigen Zwecke brauchen wir hier nicht weiter ins Detail zu gehen, aber eine letzte Behauptung scheint mir angebracht zu sein. Das Denken des Ostens ist oft therapeutisch. Es sagt, daß die Gewalttätigkeit unserer ungebührlichen Leidenschaften uns unglücklich gemacht hat. Wenn wir ruhiger geworden sind und unsere Leidenschaften sich gelegt haben, finden wir vollständiges Glück vielleicht in einem Zustand kühler Leere: *sunyata sunyata*. Im Gegensatz dazu ist das Höchste Gute im westlichen Denken ein *kognitiver* Zustand und eher ein Zustand der Fülle als der Leere. Wir sind ganz davon in Anspruch genommen, eine unendliche, ewige Vollkommenheit und Fülle des Seins zu betrachten, oder werden von ihr verschlungen.

22. Unser Endziel ist das absolute Wissen um das, was am größten, realsten und vollkommensten ist; ein Wissen, in dem wir uns ewiger Seligkeit erfreuen werden.

Jetzt erkennen wir, warum Nietzsche den Katholizismus als »Platonismus für die Massen« bezeichnet und warum Alfred N. Whitehead zu einem noch späteren Zeitpunkt die ganze Geschichte des westlichen Denkens als »Fußnoten zu Platon« bezeichnen konnte: Denn solange die tiefen Annahmen größtenteils unerschüttert blieben, schien der philosophische Glaube an Gott vollkommen natürlich und verständlich zu sein. Und umgekehrt sind die alten Annahmen der westlichen oder »platonischen« Metaphysik, wie sie sich im Werk der großen kritischen Philosophen zeigen (Descartes, Hume, Kant, Nietzsche, Heidegger und Derrida), ans Licht gebracht worden und zerfallen, so daß die Glaubwürdigkeit und die bloße Verständlichkeit Gottes stetig verblaßt sind.

Indem wir Platon hinter uns lassen und die Kultur »postphilosophisch« wird (Rorty 1982, S. xxxvii ff.), löst Gott sich in nichts auf. Der Gott des realistischen philosophischen Theismus, der metaphysische Gott, das Überwesen da oben, wurde durch Platon ermöglicht und stirbt mit ihm. Der Prozeß ist jedoch nicht völlig abgeschlossen. Es gibt immer noch einige philosophische Platoniker, und bei alltäglichen Unterhaltungen hören wir vielleicht immer noch, wie einige den Gegensatz zwischen der materiellen Welt und einer eigenen spirituellen Dimension betonen. Es bleibt möglich (wie Kant, Wittgenstein und Derrida sämtlich vermuten), daß der Geist Platons nie endgültig ausgetrieben werden und daß es immer Menschen geben wird, die durch die Illusionen der Metaphysik in Versuchung geführt werden. In welchem Fall die Schlacht zwischen Nicht-Realisten und Realisten um Gott nie zu Ende gehen wird.

9 GESCHICHTE UND HUMANISMUS

Jeder erinnert sich vermutlich an seinen ersten Schultag. Ich sehe mich immer noch, wie ich, gerade fünf Jahre alt und mit hellblondem Haar, in der Eingangshalle einer viktorianischen Grundschule in Southport in Lancashire stehe. Eine hohe Decke aus Pitchpine mit Stichbalken; in Augenhöhe verläuft eine Wandvertäfelung aus Pitchpine. Ich blicke ehrfürchtig zu der hohen Decke hinauf, sehe die Vielzahl anderer Kinder und höre den Lärm. Meine Mutter winkt mir zum Abschied zu. Ich hatte befürchtet, daß genau das passieren würde.

Das Eigentümliche und Bezeichnende an unseren langfristigen Erinnerungen ist die Tatsache, daß wir uns in ihnen gleichsam von außen sehen. Dies gilt besonders für Erinnerungen an unsere Kindheit. Im Gegensatz dazu scheint der Blickwinkel für gegenwärtige Erlebnisse und kurzfristige Erinnerungen gleich hinter den Augen und zwischen den Ohren zu sitzen. Die kurzfristige Sicht ist individuell und subjektiv, während die langfristige die eines idealen Beobachters im öffentlichen Raum ist – die Sicht eines Romanciers oder Filmregisseurs oder sogar die Sicht Gottes auf uns.

Auf kurze Sicht sind wir subjektiv; auf lange Sicht werden wir objektiv. (*Objektiv* ist lateinisch und bedeutet »ausgesetzt«, »preisgegeben«.) Und jetzt beginnen wir zu begreifen, daß die langfristige Sicht die archaische Perspektive ist und daß die kurzfristige Sicht, der rein individuelle Blickwinkel auf das Selbst und die Welt und deren Konstruktion, sich erst seit dem späten Mittelalter mit Hilfe eines berechneten und systematischen *Aufschubs von Objektivität* entwickelt hat.

Der Grund dafür ist, daß (wie wir oben gesehen haben) die objektive und allgemeine, die Sicht aus Gottes Blickwinkel, die öffentliche und gemeinschaftliche Konstruktion der Welt und des Selbst während fast der ganzen Menschheitsgeschichte auf überwältigende Weise vorherrschend gewesen ist. Die erste Sicht der Menschen auf sich und ihre Welt erfolgte vom allgemeinen Standpunkt aus. Die Objektivität war tatsächlich als erste da, und das so sehr, daß Maler und Schriftsteller äußerst hart an sich arbeiten und sich weiterbilden mußten, um die Disziplin zu erlangen, die nötig ist, um die Welt einfach und ausschließlich von ihrer nackten individuellen Subjektivität aus zu betrachten. Sie mußten sich große Mühe geben, um einen persönlichen Stil zu entdecken, ein individuelles Gefühl für Dinge. Denken wir nur an Petrarca, Chaucer und den Dichter des Gawain; man denke an Jan van Eyck, Roger van der Weyden und Brunelleschi. Der Schriftsteller macht erstmals den Versuch, uns zu sagen, nicht wie die Welt absolut aussieht, sondern wie sie sich in *seinen* Augen ausnimmt. Der Dichter schildert sogar, wie das Schloß einem bestimmten, heranreitenden Ritter in der Geschichte erscheint. Der bildende Künstler bemüht sich in ähnlicher Weise nicht darum, uns die Dinge so zu zeigen, wie sie für Gott aussehen. Er sagt vielmehr: »Genau so ist es *mir* erschienen, aus meinem Blickwinkel und zu diesem bestimmten Zeitpunkt.« Die alten Gesichter van Eycks sind gerade deshalb so bemerkenswert intensiv und unvergeßlich, weil er uns tatsächlich lehren will, die Welt und einander von einem endlichen, menschlichen Standpunkt aus zu sehen, vom Standpunkt Sterblicher. Ich glaube, er möchte uns davon überzeugen – wie es vielleicht auch Rembrandt beabsichtigt –, daß die Wahrnehmung des einzelnen sterblichen Menschen von seinem sterblichen Mitmenschen in seiner Vergänglichkeit irgendwie realer und *detaillierter* sein kann als die alte, großangelegte öffentliche und theologische Sicht. Van Eyck kann beides; er bringt es manchmal sogar fertig, uns in ein und demselben Werk die beiden Sichtweisen Seite an Seite zu präsentieren. Wenn er ein religiöses Sujet malt, erzeugt van Eyck eine Repräsentation eines allgemeinen Themas und tut dies nach kanonischen Regeln; wenn er aber einen Gönner malt oder irgendeinen anderen Mann oder eine Frau, ist er von dem Allgemeinen befreit, fühlt sich frei, nichts weiter zu sein als ein einzelner Sterblicher, der einen anderen Sterblichen betrachtet, ein Mann, der die Freiheit besitzt, uns zu zeigen, daß das menschliche Auge gnädiger ist als das Auge Gottes.

Man wird mir entgegenhalten, daß die Erzeugung von Subjektivität in der Selbstprüfung und der Beichte wohl gewiß selbst ein uraltes religiöses Motiv sei. Ja, aber in dem Fall wird das individuelle Selbst direkt *vor Gott* erzeugt und vom Standpunkt der Ewigkeit aus auf eine Weise betrachtet, welche den Vorrang und die überlegene Größe des Allgemeinen *bestätigen* und nicht hinausschieben oder herausfordern soll. Ich jedoch spreche von einer neuen Form von Bewußtsein und Weltsicht. Diese ist das Ergebnis eines langen Kampfes gegen die Vorherrschaft der allgemeinen und heiligen Sicht, die hinausgezögert werden soll, um der zerbrechlichen subjektiven Sicht genügend Zeit zu geben, hervorzukommen, ihren eigenen, unverkennbaren Charakter zu entwickeln und vielleicht sogar ihre überlegene Realität unter Beweis zu stellen.

Dieser Kampf hat sehr lange gedauert, und die Schlacht ist noch nicht gewonnen. Religiöse Konservative vieler Glaubensrichtungen verabscheuen immer noch die subjektive Sichtweise, die sie – was von ihrem Standpunkt aus durchaus verständlich ist – als Verkörperung eines sündigen und anmaßenden Versuchs ansehen, sich der Autorität aller antiken öffentlichen und heiligen Normen von Realität und Wert zu widersetzen und deren Anerkennung nach Möglichkeit hinauszuschieben. Ebenso verständlich ist es, daß sie negativ besetzte Begriffe wie »westlicher Individualismus«, »Relativismus« und »Humanismus« verwenden, die sämtlich – wie wir wissen sollten – sehr schlecht sind.

Einer der vielen Vorteile der subjektiven Sicht ist jedoch, daß sie uns ein Geschichtsbewußtsein vermittelt hat, das wir jetzt nicht gern aufgeben möchten. Während sich die alten theologischen und objektiven Sichtweisen hielten, konnte daneben kein sehr lebendiges Geschichtsbewußtsein existieren, weil das gesamte Umfeld, in dem Menschen leben, als vorherbestimmt galt. Das Arrangement ließ sich nicht ändern. Man konnte nur eins tun: innerhalb des Arrangements und in einer dadurch bestimmten Weise Universelles neu inszenieren. In allem, was man tat, wurde irgendein Standardmuster wiederverwertet, eine alte Geschichte neu erzählt. Dies gilt selbst für einen Dichter wie Shakespeare noch heute. Zu seiner Zeit erfand man noch keine völlig neue Geschichte: Man erzählte eine alte Geschichte neu. Alles Neuartige war Sünde. Eine radikale Änderung der »conditio humana« konnte es erst geben, als Gott es zu einer ihm genehmen Zeit für richtig hielt, in dem kosmischen Drama, das er geschrieben hatte und bei dem er jetzt Regie führte, alles in den nächsten Akt hinüberzuführen. Bis dahin war das gesamte menschliche Leben nichts weiter als eine Allegorie; jeder Mensch und jedes Handeln hatte nur als ein Symbol von etwas Allgemeinem einen Sinn. Wieder kam das Allgemeine an erster Stelle. Das Allgemeine war zeitlos; deshalb gab es keine wirkliche Geschichte. Geschichte entsteht nur dann, wenn das Allgemeine zurückgedrängt und lange genug aufgeschoben wird, damit dem rein Subjektiven, Bedingten und Vergänglichen ein wenig Raum bleibt, sich zu entwickeln. Dieser Raum, die Zeit menschlichen Handelns, ist haargenau das, was Grammatiker *unvollkommen, unvollständig* nennen (englisch: *imperfect*). Vom langfristigen und objektiven Standpunkt aus erscheinen das Selbst und die Welt als vollendet, und zwar von Gott; aus subjektiver und kurzfristiger Sicht sind sowohl das Selbst als auch die Welt unvollständig und warten darauf, durch unser Handeln vollendet zu werden.

Die Verzögerung der Objektivität erlaubt uns somit, die Realität als dialektisch zu sehen. Der historische Prozeß schließt ein Wechselspiel oder einen Konflikt einzelner Vorhaben und Weltsichten ein, und die sogenannte reale Welt ist der sich allmählich entwickelnde Konsens, der daraus resultiert. Wir sind wahrhaft historisch Handelnde, weil wir durch unsere wechselseitigen Interaktionen unter uns jeden Aspekt der »Realität« entwickelt haben, in der wir leben, eine Realität, die wir immer noch formen. Es ist eher menschliches historisches Handeln als göttliche Schöpfung, was die Welt vollendet.

Wir können das Wort *Interaktionismus* für eine allgemeine philosophische Doktrin verwenden, nämlich die Ansicht, daß *alles*, darunter alle linguistischen Bedeutungen, Wahrheiten, Werte, ja sogar die Realität selbst, ein sich langsam entwickelndes Konsensprodukt ist, das Ergebnis eines Wechselspiels von Kräften unter den Menschen. Und, wie ich angedeutet habe, die Entwicklung des kurzfristigen, individuellen, subjektiven und relativistischen Standpunkts hat den Zweck, uns die Chance zu geben, unser Selbst und unsere Welt durch eigenes historisches Handeln zu erschaffen und zu vollenden.

10 KULTUR UND SPRACHE

Ich habe behauptet, daß die moderne Zeit irgendwann im späten Mittelalter anbrach, als einige Menschen zum ersten Mal überhaupt damit begannen, die Welt vom subjektiven Standpunkt aus zu betrachten, und zwar durch ihre *unvollkommenen* sterblichen Augen.

Bis dahin waren das Objektive und das Allgemeine fast stets zuerst dagewesen. Die Menschen hatten ihre Welt und sogar sich selbst wie von außen und durch Gottes Augen betrachtet. Und weil sie die Welt als einen Kosmos ansahen, als eine objektiv vollendete und vollständige göttliche Schöpfung, konnten sie nicht unser Geschichtsbewußtsein haben. Da die Welt schon vervollkommnet worden war, blieb menschliches Handeln darauf beschränkt, »Gottes Willen zu tun«; der Mensch konnte nur noch von Gott erschaffene archetypische Muster nachspielen und alte Geschichten neu erzählen. Man konnte im Rahmen des Systems allgemeine Themen wiederverwerten, das System aber nicht verändern.

Doch der bis dahin fast verbotene menschliche Standpunkt wird jetzt *durch Hinausschieben der Objektivität* eingeführt. Dies geschah vermutlich durch Nachdenken über das menschliche Leiden Christi am Kreuz. Christus hatte den Rückzug oder das Zögern der objektiven Realität Gottes selbst erlebt. Gegen alle Erwartung hatte Gott ihn seinem Leiden und seiner Sterblichkeit überlassen, und Christus hatte ihn in seiner Not angerufen.

So war der bloß subjektive, rein menschliche Standpunkt im Christentum kanonisiert, ja sogar legitimiert worden. Er war den Zisterziensermönchen in der Meditation zugänglich, ebenso Malern und Dichtern. Er war in dem verzerrten Körper des Gekreuzigten sichtbar. Christus selbst war das erste nackte unentschlossene Tier gewesen, das unser Leben vom Standpunkt des menschlichen Subjekts aus erlebt hatte, als reine, ungetröstete Vergänglichkeit, als Leiden und Sterblichkeit. Das ist außergewöhnlich: Wenn man eine Leidensgeschichte rezitierte und über das Leiden Christi meditierte, identifizierte man sich mit Jesus in dessen Zustand des von Gott aufgegebenen und verlassenen Sohnes. Mönche des Mittelalters begannen im Gebet zu fühlen, wie es war, von Gott verlassen zu sein. Der ungöttliche und nur menschliche Jesus ist der Erstgeborene vieler Brüder, der Pionier der Moderne.

Der Rückzug Gottes mag zunächst als ein Augenblick eines schrecklichen Verlusts und von Verzweiflung erlebt worden sein, doch wie wir gesehen haben, wurde dies im späteren Mittelalter schnell zu einem außerordentlich produktiven Faktor. In dem Maße, in dem die religiöse Kunst emotional ausdrucksvoller und nur-menschlicher wird, wird sie auch besser; wenn die Menschen sich dem Tod nähern, werden ihre Gesichter interessanter und bei einem Maler wie Jan van Eyck sogar schöner; und als das Denken immer skeptischer wird und sich zunehmend selbst in Frage stellt, erlebt die Philosophie eine Wiedergeburt.

Kurz, das Zögern Gottes eröffnet den Raum, in dem die moderne Welt geboren wird. Wir sehen nacheinander den christlichen Humanismus erscheinen, die volkssprachliche Literatur, den Protestantismus, den Nationalstaat, die kritische Philosophie, die Wissenschaft, das Geschichtsbewußtsein, die liberale Demokratie und die moderne Technologie. Die Humanität Christi und vor allem seine Passion haben es den Menschen im Westen erlaubt, unsere Welt und unser Leben vom ausschließlich menschlichen Standpunkt aus zu sehen: sie als unvollendet zu sehen, unvollkommen, vergänglich und vollkommen abhängig, und die Wahrheit als etwas zu sehen, das wir nicht haben und deshalb erst mühsam aufbauen müssen. Während wir dies tun, müssen wir sie für uns selbst ausprobieren.

Im Islam kommt der reinen und bloß menschlichen Schwäche im Gegensatz dazu keine zentrale Bedeutung zu. Ganz im Gegenteil: Subjektivismus und Humanismus gelten als westlich und werden unerbittlich ausgeschlossen. Gott wird nicht hinausgezögert: Er bleibt Vorhut, füllt alle Dinge aus, und so bleibt die objektive Sicht bis zum heutigen Tag im Islam bemerkenswert stark.

Im Westen haben wir uns jedoch dem Zeitlichen verpflichtet, und der rein menschliche Standpunkt ist der Prüfstein von allem. Die Berufung auf experimentelle Prüfungen und auf bloß sinnliche Erfahrung, die Platon für schwach hielt, hat sich statt dessen als mächtiges Werkzeug zum Aufbau neuen Wissens erwiesen. Das ungeheure Wachstum von Wissenschaft und Technologie scheint Gott heute fest – vielleicht sogar permanent – auf Abstand zu halten. Der Offenbarungsglaube hält sich gleichwohl, weil er aus historischen Gründen ein soziales Prestige genießt, doch was die ernsthafte Beschäftigung mit Lebensfragen betrifft, ist er jetzt eher an den »Rand« gerückt.

Selbst diejenigen, die am lautesten verkünden, ihr Offenbarungsglaube sei literarischer oder realistischer Natur, verhalten sich in der Praxis nicht so, als nähmen sie ihren Glauben ernst. Viele Menschen behaupten, an die Astrologie zu glauben, denken aber nicht daran, von Astrologen die gleichen, präzise formulierten und verifizierbaren Vorhersagen zu fordern, die wir von Astronomen erhalten, wenn diese beispielsweise eine Sonnenfinsternis vorhersagen. Wenn sich herausstellt, daß ein neues Medikament nicht genügend erprobt worden ist und entweder nicht die gewünschte Wirkung oder schädliche Nebenwirkungen hat, zögern die Menschen nicht, das verantwortliche Pharma-Unternehmen zu verklagen. Man hat aber noch nie davon gehört, daß ein Katholik mit Erfolg den Papst verklagt, weil eine Pilgerfahrt nach

Lourdes nicht das gewünschte Ergebnis gehabt hat. Daß der Offenbarungsglaube heute überall an den Rand gedrängt worden ist, wird durch die Tatsache bewiesen, daß niemand, nicht einmal der strikteste Fundamentalist, im Ernst vorschlägt, man solle ihn mit der gleichen Rigorosität durchprüfen, die wir alle im Fall neuer Technologien erwarten; und selbst in den relativ wenigen Fällen, in denen man etwas in dieser Richtung versucht hat, hört man nicht davon, daß irgend jemand danach seinen Glauben geändert hätte.

Wenn wir also wissen, daß der Offenbarungsglaube überholt und intellektuell armselig ist, warum zögern wir dann, ihn aufzugeben? Die Antwort dürfte so lauten: Wenn wir uns an den Überresten alter Glaubensvorstellungen festklammern, können wir die Beschäftigung mit der Krise aufschieben, die uns sonst unweigerlich einholt, wenn diese Vorstellungen schließlich verloren sind.

Als Menschen erstmals damit begannen, sich und ihre Welt von einem Standpunkt aus zu betrachten, der fest in ihren zeitlichen und sterblichen Subjektivitäten verankert war, vertrauten sie sich damit der Geschichte an. Wir müssen *handeln*, um ein Vokabular und Werte mit anderen zu teilen, um eine Gesellschaft aufzubauen, um uns und unsere Welt zu formen und zu vollenden. Und dazu gehört eine Bindung, nicht nur an die Geschichte, sondern auch an ein neues, rein menschliches Verständnis von Kultur und Sprache.

In den auf Tradition beruhenden Gesellschaften der Vergangenheit stellte man sich fast jeden Aspekt der Kultur so vor, als wäre diese von Gott eingesetzt oder zumindest durch ihr hohes Alter geheiligt und somit unveränderbar. Das gleiche galt für die Sprache. Oft sprach man von Wörtern als »Namen« (aus dem lateinischen *nomina*, was »Substantive« bedeutet). Dem lag die Annahme zugrunde, daß unsere beschreibende Sprache eine verständliche außerlinguistische Struktur der Welt, die der Schöpfer schon eingebaut hat, erst benennt und dann aufspürt. Die Menschen hatten also eine stark übernatürliche Ansicht von Sprache. Sie gingen davon aus, daß Gott in unserer Sprache denkt und unsere Welt geformt hat, indem er unsere Sprache benutzt. Wenn wir also unsere Welt beschreiben, wiederholen wir Gottes Worte und verfolgen zurück, was er bestimmt hat. Gott hat uns eine fertige Welt geschenkt und uns mit den Mitteln ausgestattet, ihre Struktur zu verstehen. Unsere Sprache ist göttlich; linguistische Wortbedeutungen sind unveränderlich, und die Angemessenheit von Sprache zum Nachahmen der Gestalt von Dingen ist theologisch garantiert.

Der Wandel zum neueren, rein menschlichen Standpunkt hin bedeutete, daß dieses gesamte Denkmuster irgendwann zusammenbrechen würde. Statt dessen sah man in der gesamten Kultur und Sprache die Verkörperung eines sich historisch entwickelnden und immer wieder verändernden menschlichen Konsenses ohne Absoluta oder Fixpunkte und ohne jede wie auch immer geartete Garantie, daß sich unsere Sprache in einer außerlinguistischen, aber irgendwie doch schon von Sprache geschaffenen Weltordnung befestigt.

Jetzt beginnen die Dinge aufregend zu werden, denn jetzt erkennen wir, daß wir die Vorstellung aufgeben müssen, als warte da draußen eine stabile, vom Geist unabhängige Weltordnung darauf, in einem gleichermaßen stabilen und adäquaten Vokabular korrekt beschrieben zu werden (aus dem lateinischen *adaequatus*, was »entsprechend, vergleichbar« bedeutet). Das Höchste, das wir jetzt zu erreichen hoffen können, ist eine Form von Pragmatismus, welche die Idee objektiver Wahrheit aufgegeben hat und sich in jeder Lebenslage mit Ausdrucksformen begnügt, mit denen man einigermaßen zurechtkommt – bis auf weiteres.

Dabei wird die Position eingenommen, daß da oben keine Absoluta oder feststehenden verständlichen Wesenheiten warten, die in der Lage wären, mindestens einige unserer linguistischen Sinninhalte gleichbleibend zu halten. Im Gegenteil: Jedes Wort im Wörterbuch hat eine Geschichte. Kultur hat eine Geschichte. Religion, Philosophie und sogar Logik und Mathematik haben ihre jeweilige Geschichte. Wir verfügen weder über den Standpunkt noch das Vokabular – und werden sie auch nie haben –, die nötig wären, um die Wahrheit des Realismus zu beweisen. Statt dessen sind wir in etwas befangen, das einige Neo-Pragmatismus nennen, andere Nihilismus, während wieder andere es als Post-Moderne bezeichnen. Und wir sehen, daß es einfach das langfristige Ergebnis von Modernität ist (Harland 1987). Die Hinwendung zum subjektiven und sterblichen menschlichen Standpunkt sah mehrere Jahrhunderte lang unglaublich lohnend aus, aber jetzt hat man uns endlich die Rechnung präsentiert, jetzt, da uns verspätet aufgeht, daß unsere Welt am Ende *natürlich* genauso kraftlos und gebrechlich und so radikal vergänglich aussehen wird, wie wir selbst es sind.

Menschen, die in Glaubensdingen konservativ sind, haben immer wieder versichert, man dürfe die objektive Realität Gottes nicht in Frage stellen, weil dem Tod Gottes unausweichlich der Tod des Menschen und der Tod der Welt folgen würden. Sie haben damit recht gehabt, da die alte philosophische Gottesdoktrin ein Bestandteil eines Denkmusters war, das uns auch eine fertige Welt gab, in der wir leben konnten, sowie Fähigkeiten, die spezifisch darauf angelegt waren, sie zu kennen. Schon Friedrich Nietzsche hat sehr klar verstanden, daß Gott, die reale Welt und die alte Vorstellung von Wissen gemeinsam stehen oder fallen. Wenn sie tatsächlich fallen, dann ist uns aufgegeben, alles zu überdenken. Wir sind tatsächlich dazu verpflichtet.

11 DIE ZEIT DER ENGEL

Die intellektuelle Revolution, die ich in knappen Zügen skizziert habe, hat sehr weitreichende soziale Konsequenzen: das Ende des Realismus, das Ende des Glaubens an Absoluta, das Ende des Glaubens, daß die Welt dazu erschaffen sei, unser Zuhause zu sein, und zwar so, daß alle Regeln, die wir zu befolgen haben, schon festgelegt und eingebaut sind. Die Menschen werden enttraditionalisiert, nomadisiert, »beliebig gemacht«, wenn die alten festen Bezugspunkte verschwinden: statt einer Ehe serielle Beziehungen, statt eines Zuhauses eine Reihe von Adressen, statt einer Karriere als Angestellter freiberufliche Tätigkeit, statt einer Kirche die in unregelmäßigen Abständen wie Pilze aus dem Boden schießenden Protestbewegungen, statt eines Glaubens das, was gerade »en vogue« ist, statt stabiler Identitäten Pluralismus und ständiger Wandel, statt einer Gesellschaft freier Markt und der eigene Kreis.

Dies sind Zeiten, in denen das intellektuelle Klima sehr freizügig ist, als wäre die Kultur (außerhalb der Wissenschaft) urplötzlich an den Rand gerückt, als repräsentiere sie nicht mehr die Ansichten der gesellschaftlichen Mitte. Populärer Offenbarungs- und Glücksglaube, neue religiöse Bewegungen und »New Age«-Gruppen entstehen wie am Fließband; aber das alles sind nichts weiter als Modeerscheinungen. Nichts davon muß man ernst nehmen, weil nicht klar ist, ob man *überhaupt* noch etwas ernst nehmen kann.

Viele ältere Menschen empfinden eine heftige Abneigung gegen alles, was jetzt geschieht, und versuchen, die Schuld entweder den »Achtundsechzigern« oder einer winzigen Gruppe französischer poststrukturalistischer Intellektueller zu geben. Doch in Wahrheit ist es kaum nötig, die großen frühen

Werke Derridas zu verstehen, um zu erfassen, was passiert ist und warum, weil die gesamte gegenwärtige Umwälzung nichts weiter ist als die durch neue Technologien beschleunigte Umsetzung einer Idee, die den Menschen im Lauf des neunzehnten Jahrhunderts sehr vertraut wurde: die Idee, daß alles eine Geschichte hat.

Traditionell haben die Menschen gern glauben wollen, daß ihre linguistischen Sinninhalte, ihre religiösen Glaubensvorstellungen, ihre moralischen Maßstäbe und so weiter sich auf den Geist Gottes und den Beginn der Welt zurückführen ließen. In Alfred Tennysons *In Memoriam A.H.H.* (1850) sehen wir, wie schwierig es selbst für einen begabten Menschen war zu akzeptieren, daß vielmehr alles eine Geschichte hat, daß alles kommt und geht. Gleichwohl lehrt jede Seite von James A. H. Murrays *A New English Dictionary on Historical Principles* (1888), daß die Bedeutung eines Worts keine zeitlose Wesenheit ist, sondern durch die Geschichte dessen, wie es benutzt worden ist, vorgegeben ist. Was könnte einfacher sein?

Alles hat eine Geschichte. Linguistische Sinninhalte haben ihre Geschichte, die Wahrheit hat eine Geschichte, die Moral hat eine, ebenso religiöse Glaubensvorstellungen und die Vernunft – alles hat eine Geschichte. Und natürlich hat auch die Lehre, daß alles eine Geschichte hat, selbst eine Geschichte. Ergebnis? Allgemeine Auflösung, Nihilismus, Postmoderne. Wirklich alles, was Friedrich Nietzsche schon in den 1880er Jahren so klar gesagt hat; doch in solchen Fragen ist oft ein großer Denker nötig, um das zu sehen, was so unübersehbar auf der Hand liegt. Und es ist ein typisch postmodernes Paradoxon, daß das *Oxford English Dictionary*, eines der verdienstvollsten Bücher der Welt, sich zugleich als eins der subversivsten Bücher überhaupt erwiesen hat.

Iris Murdoch (1966) zufolge beginnt nach dem Tod Gottes die Zeit der Engel. (Ihr gleichnamiger Roman formuliert ihre Reaktion auf die Kontroversen um Gott.) Da die zentrale

Autorität gestürzt ist, richten umherirrende Geistermächte in der Welt Unheil an. Nietzsche (1888, im selben Jahr, in dem auch der erste Band des *Oxford English Dictionary* erschien) ist fröhlicher; er stellt sich eher so etwas wie ein Bacchanal vor: Mit dem Ende des Realismus toben sich alle freien Geister aus. Unser gegenwärtiges Argument hat jedoch auf eine wiederum leicht veränderte Interpretation hingedeutet.

Die Welt, über die wir am wenigsten wissen (eine Welt, die überdies erst vor sehr kurzer Zeit in unser Blickfeld geraten ist), ist die Welt der linguistischen Sinninhalte. Diese Welt der Sinninhalte ist die Welt, die an erster Stelle steht; sie ist die reale, übernatürliche Welt, die sich um die gesamte empirische Welt wickelt und sie »bekleidet«. Man könnte sagen, daß alles in der empirischen Welt in dieser eigentümlichen unsichtbaren Welt *eine Parallele findet*, darin *vorweggenommen* und durch sie *geformt* wird, nämlich die Welt der Sinninhalte. Kurz, alles, was von Gelehrten über die übernatürliche Welt der religiösen Glaubensvorstellungen gesagt worden ist (siehe Bellah in: Lessa und Vogt 1972, S. 40), läßt sich als eine Lehre über die Welt der linguistischen Sinninhalte umformulieren und neu darstellen.

Diese Welt der linguistischen Sinninhalte ist jedoch ehrfurchtgebietend und furchteinflößend. Sie ist sehr oft besorgniserregend exzessiv und sogar rasend, und das auf eine Weise und aus Gründen, die Jacques Lacan und Gilles Deleuze zu ihrer Zeit sehr gut formuliert haben (siehe Lecercle 1985). Somit hat es zumindest in der Vergangenheit den Anschein gehabt, daß es zunächst eine starke disziplinarische Kontrolle der Welt der Sinninhalte geben muß, damit Kultur entstehen kann.

Vor diesem Hintergrund taucht die grundlegende Doktrin noch einmal auf: Die historische Funktion der gesamten übernatürlichen Welt der Religion sollte für uns die Welt der linguistischen Sinninhalte repräsentieren – eine Welt, in die einzudringen schon immer eigenartig schwierig gewesen ist.

Ebenso schwierig ist es gewesen, über sie nachzudenken, es sei denn in Poesie und Mythen. Zweitens: Die Mythisierung der Welt der linguistischen Bedeutung durch die Religion diente auch dem Zweck, Sinninhalte unter Kontrolle zu halten. Gott, der erste Sprechende, war der Meister der Wortbedeutung, ihr Gesetzgeber und der Garant ihrer Stabilität.

Der heutige Zusammenbruch des Offenbarungsglaubens ist auch ein Zusammenbruch der alten Mechanismen, die früher die Sprache beherrschten und sie daran hinderten, außer Kontrolle zu geraten. Somit leben wir jetzt in der Zeit der Engel, einer verrückten Zeit, einer Zeit schlechter Sprache. Welche neue Art religiösen Denkens könnte ersetzen, was wir verloren haben?

DRITTER TEIL

RELIGION NACH DEN GÖTTERN

12 DAS ERBE DER ALTEN RELIGIONEN

Im Augenblick kommt es in weiten Teilen der Welt zu außergewöhnlichen kulturellen Umwälzungen. Die letzten Jahrtausende gehen in Rauch auf, da jetzt Millionen, ja sogar Milliarden Menschen ihre ethnischen, religiösen und moralischen Traditionen verraten, vergessen, in aller Stille aufgeben oder aktiv zurückweisen. Einige Menschen versuchen verzweifelt, an ihren Traditionen festzuhalten oder sie wiederherzustellen, doch sie entdecken zu ihrem Entsetzen, daß es sich nicht machen läßt: Die Substanz der Tradition schmilzt dahin, gleitet ihnen durch die Finger, selbst wenn sie versuchen, diese festzuhalten. Der Verlust wird so schnell so vollständig, daß es Historikern schon sehr bald schwerfallen wird, sich wieder vorzustellen, wie es einmal war, aufrichtig an solche Dinge zu glauben und sich an solche Sitten und Gebräuche zu halten.

Die Gründe, weshalb all das geschieht, sind uns allen wohlvertraut: der rapide technologische, ökonomische und soziale Wandel; die plötzliche Bedeutungslosigkeit unserer überkommenen Glaubensvorstellungen, Sitten und Wertvorstellungen; der Bruch mit dem Boden und der Vergangenheit; die schnelle Mobilität von Kapital, Menschen und Ideen in der ganzen Welt; und das alles überlagernde Gefühl, keinen Boden mehr unter den Füßen zu haben und ungeschützt allen möglichen Mächten ausgesetzt zu sein. »Ist das alles, was es gibt? *Soll das wirklich alles sein?*«

Nietzsche, der den jetzigen Zusammenbruch der Tradition vorhergesehen hat, war hocherfreut darüber. Nietzsche zufolge ist die gesamte »historische« Periode eine beklagenswerte Abschweifung gewesen. Es sei eine Periode gewesen, die von negativen oder »reaktiven« Gefühlen beherrscht worden sei, ferner von schlechtem Gewissen und durch tyrannische disziplinarische Einrichtungen wie dem Staat, der Kirche und dem Recht. Der typische Mensch sei ein reduziertes und »domestiziertes« Wesen gewesen. Wäre da nicht der Triumph des *Ressentiments* (Nietzsches Wort für negative Gefühle), wären wir vielleicht in der Lage gewesen, von der Vorgeschichte direkt in die Nachgeschichte zu springen – sozusagen von Homer zu Picasso. Warum nicht? Dann wären wir vielleicht in der Lage gewesen, die häßlichen Jahrtausende einfach herauszuschneiden, in denen wir uns unwohl fühlten und in denen uns Schuldgefühle, Askese und außerweltliche Religionen zusetzten.

So Nietzsche. Er erkennt natürlich an, daß die »historische« Periode tatsächlich viele große Persönlichkeiten und Kunstwerke hervorgebracht hat. Was davon zu überleben verdiene, werde auch überleben. An die charakteristischen Zustände von Seele, Gefühlen und Bewußtseinsformen in der historischen Periode verschwendet Nietzsche keinen Gedanken. Er scheint zu denken, daß das alles pathologisch gewesen sei und unbeklagt vollständig verschwinden könne.

Bezeichnenderweise ist Nietzsche nicht bereit anzuerkennen, daß die Religion ein mächtiges Werkzeug der Selbstentwicklung gewesen ist, da sie das Bewußtsein erweitert, es intensiviert und reinigt. Die Erforschung verschiedener Formen der Spiritualität und verschiedener Arten des Selbst-Seins und der Errichtung einer eigenen Welt interessiert ihn nicht sehr. Er spricht nur davon, daß sich aus den verschiedenen einander widersprechenden Energien in uns ein einheitlicher, freier, aktiver und voll und ganz bejahender Typus Mensch schmieden lasse, der Übermensch.

Dies ist eine Einschränkung, denn im Rahmen der alten Religionen, die uns jetzt rasch entgleiten, gibt es (oder gab es) eine Reihe wertvoller und interessanter Experimente in Sachen Individualität und Bewußtseinsformen, von denen wir einige behalten sollten.

Der Einfluß des Christentums mit seiner sehr starken Betonung der korrekten Lehre könnte einige Menschen zu der Annahme führen, daß vielleicht eines der großen Glaubensbekenntnisse in Bausch und Bogen und in aller Redlichkeit die Wahrheit sein könne. Leider ist dies nicht der Fall. Wissenschaftler wie W. Cantwell Smith (1963) und G. Lindbeck (1984) haben uns in den vergangenen Jahrzehnten erkennen lassen, daß eine große Religion ein Gegenstand ist, der eher einer ganzen Zivilisation oder kulturellen Tradition ähnelt als einem einfachen und klar umrissenen ideologischen System. Es ist nicht wirklich angemessen, eine gesamte Überlieferung *en bloc* ohne weiteres einfach für wahr zu halten. Es ist nicht einmal angemessen zu fragen, welche besonderen religiösen Glaubensbekenntnisse einfach wahr seien, wenn man im Hinterkopf vorhat, sie für die Bewahrung auszuwählen. Es ist tatsächlich wahrscheinlich, daß einige Glaubensbekenntnisse gute historische Überlieferungen bewahren, was ihre Gründer angeht, und wir können ebenfalls (vielleicht) einige wenige religiöse Lehren offen als wahr bezeichnen, welche die Wahrheit anderer religiöser Lehren leugnen. Hauptbeispiele sind die Verleugnung der metaphysischen Seele in uns Menschen durch den Buddhismus und die Verdammung der Götzenanbetung durch die abrahamitischen Monotheisten. Aber das ist schon so gut wie alles, und daraus sollten wir die Schlußfolgerung ziehen, daß es nutzlos ist, nach irgendwelchen existierenden religiösen Glaubensbekenntnissen zu suchen, die man als dogmatisch wahr einschätzen und dann für eine künftige Wiederverwendung aussondern kann.

Kurz, ich will damit sagen, daß heute alle unsere großen religiösen Überlieferungen dem Ende entgegengehen, so wie die einst sehr großen Religionen des antiken Mesopotamien, Ägyptens und Griechenlands in der Antike ein Ende gefunden haben. Wie schon in den vorhergenannten Fällen zu konstatieren war, dürfen wir auch hier erwarten, daß einige der großen Kunstwerke überleben werden, aber so gut wie nichts von der Lehre. Der größte Teil der christlichen Theologie ist schon verlorengegangen. Das entdecken wir schnell, wenn wir Menschen beispielsweise bitten, uns zu erklären, wie denn Christus mit seinem Tod für unsere Sünden gebüßt hat, oder wenn wir den Unterschied zwischen Calvinismus und Arminianismus erklärt haben wollen oder die Lehre von der Dreieinigkeit. Dies sind – oder waren einst – großangelegte und wichtige Fragen, aber im großen und ganzen haben die Menschen schon vor Generationen jedes Wissen um diese Dinge verloren, und es steht kaum zu erwarten, daß es wiederkehren wird.

Was also ist in den jetzt nach und nach verschwindenden religiösen Traditionen wirklich erhaltenswert, und was können wir vielleicht retten? Ich schlage vor, daß wir bestimmte Formen religiöser Existenz als wertvoll auswählen und zu retten versuchen sollten: das heißt bestimmte Formen und Praktiken der Individualität, bestimmte Formen von Bewußtsein und Ausdrucksmöglichkeiten im eigenen Leben. In Zukunft werden wir unsere Religion nicht als übernatürliche Doktrin ansehen, sondern als ein Experiment in Individualität.

Um mit einem Beispiel zu veranschaulichen, was ich hier meine: Wir können Gott nicht retten, weil Gott schon seit langem tot ist. Wir haben im achten Kapitel gesehen, daß die metaphysischen Annahmen, auf deren Grundlage der klassische theistische Glaube möglich war, für immer verschwunden sind, und was jetzt als Glaube an Gott durchgeht, ist eine stark reduzierte Version dessen, was er einst gewesen ist. Die Form der Individualität und die Weltsicht, die zum Glauben an Gott gehören, *lassen* sich aber zurückgewinnen. Was im Netzwerk »Sea of Faith« (einem losen Zusammenschluß radikaler religiöser Revisionisten in Großbritannien und Neuseeland) »nicht-realistischer Glaube an Gott« genannt wird, ist ein Versuch, *nach* dem Tod Gottes zumindest einiges von einer Gottessicht auf uns und unser Leben zu retten.

In ähnlicher Weise behaupte ich, daß wir auch etwas von der buddhistischen Sicht und etwas von einer authentisch religiösen Ethik zurückgewinnen können.

Somit greife ich drei Themen heraus, von denen ich hoffe, wir können sie in einer Form bewahren und wiederherstellen, die sich auch in die Zukunft übertragen läßt. Ich nenne sie das *Auge Gottes*, die *glückselige Leere* und *solares Leben*. In der Vergangenheit, als das Denken noch dogmatischer und stärker auf Ausschließlichkeit bedacht war, hätte nur eins davon als Grundlage einer vollständigen und eigenständigen religiösen Perspektive gedacht werden können. Unter den Bedingungen der Postmoderne ist die Kultur jedoch sehr pluralistisch geworden, doch die Menschen sind es inzwischen auch. Wir sollten lernen, unser persönliches Wachstum zu fördern, indem wir verschiedene Formen von Individualität und Lebenssicht erforschen und ausprobieren. Es gibt keine einzige große Wahrheit mehr, und es wird so etwas auch nie mehr geben. Jetzt ist es besser, ein kleines persönliches Repertoire verschiedener Wahrheiten, Wege und Ziele zu bewahren, die man nach Belieben für sich nutzbar machen kann.

Das Auge Gottes

Die alte Metaphysik Gottes wurde von David Hume und Immanuel Kant zerstört. Sie wird sich nicht wiederbeleben lassen. Viele Menschen sind der Meinung, daß der Glaube an Gott mit der Ansicht gleichbedeutend sei, daß es einen sehr großen und freundlichen unsichtbaren Übermenschen gebe, doch ein solches Bild von Gott als einem übergroßen unsichtbaren Mann (oder Frau, wie manche sagen) ist weder klar feststellbar noch rational zu verteidigen. Jedoch kann der Glaube an Gott überleben und auch verteidigt werden, wenn er anders interpretiert und so gesehen wird, daß er eine bestimmte Form von Bewußtsein und Praxis von Individualität einschließt. An Gott zu glauben bedeutet, als lebte man unter dem Auge Gottes und als bewerte man sich und die Welt, in der man lebt, vom Standpunkt der Ewigkeit aus. Der Mensch, der wahrhaft und ernsthaft an Gott glaubt, ist jemand, der eine besondere, mittelbare (oder, wie ich sie nennen werde, »abgeprallte«) Art von Bewußtsein besitzt, ein Bewußtsein von sich, wie es von einem idealen und allgemeinen Standpunkt außerhalb des eigenen Selbst erscheint.

Diese »nicht-realistische« Sicht von Gott hat eine lange Geschichte. Sie ist gegeben, wenn beispielsweise Meister Eckhart sagt, das Auge, mit dem wir Gott ansähen, sei das gleiche Auge wie das, mit dem Gott uns ansehe. In der Neuzeit ist dieser Gedanke am klarsten und gründlichsten in den Traditionen von Kant, Kierkegaard und Wittgenstein ausgearbeitet worden. Diese Sicht verlangt von uns, die alte, »objektive« Lehre von Gott aufzugeben und statt dessen über den Glauben an Gott zu sprechen, insoweit er uns dazu führt, uns selbst zu sehen und unser Leben zu formen.

Ein Anzeichen von Nicht-Realismus bei einem Schriftsteller ist das Anerkenntnis, daß es in unserer Beziehung zu Gott nicht zwei eigenständige Parteien gibt. Vielmehr steht man durch das Allgemeine zu sich selbst in Beziehung. In dieser Darstellung habe ich zu zeigen versucht, daß die Austreibung des religiösen Denkens durch das Allgemeine bis zu den Anfängen der Menschheit zurückreicht. Man beachte aber, daß ich, anders als Kant und Kierkegaard, nicht behaupte, daß der Glaube an Gott irgendwie obligatorisch sei. Ich sage nur, daß er eine wertvolle und interessante Form des Bewußtseins darstellt, die es wert ist, bewahrt und kultiviert zu werden. Er ist nur eine Wahlmöglichkeit – aber eine gute. Wir befinden uns in einer neuen Situation, in der wir sagen können: »Gott ist freiwillig.« Der Glaube, *daß es einen Gott gibt*, ist nach herkömmlichem Denken für die Erlösung nicht notwendig; allerdings finden viele von uns den Glauben *an* Gott weiterhin hilfreich. Ich sage also nur, daß es eine gute Sache ist, wenn man sich selbst aus einem neuen Blickwinkel zu sehen lernt.

Es mag immer noch Menschen geben, die schon die Idee einer indirekten oder »abgeprallten« Form von Selbstbewußtsein verblüffend finden. Ein Beispiel dafür ist jedoch jedem vertraut, nämlich das Bewußtsein, das die Frau durch die Sicht des Mannes von sich hat. Wenn die prä-feministische Frau sich im Spiegel kritisch und anerkennend betrachtet oder die äußere Erscheinung anderer Frauen kommentiert, scheint sie in bemerkenswerter Weise fähig zu sein, ihr Geschlecht wie durch die Augen des anderen Geschlechts anzusehen und zu beurteilen. Männer haben meist kaum eine Vorstellung davon, wie sie von Frauen eingeschätzt werden, und gestehen offen, nicht zu wissen, was Frauen denken oder wünschen, während Frauen sich durchaus zutrauen, einschätzen zu können, welchen Eindruck sie auf Männer machen und was diese denken. So wie Frauen in Gegenwart von Männern wachsamer und ihrer selbst bewußter werden, so machte die Nähe Gottes den Gläubigen im Westen wachsamer und selbstbewußter. Die Nähe eines Mannes läßt die Frau daran denken, wie sie in seinen Augen wohl erscheinen mag, während die Nähe Gottes den Gläubigen fragen läßt: »Was für einen Eindruck mache ich auf *ihn*, dessen Auge alles sieht?«

In dieser politisch riskanten Analogie spiele ich natürlich auf eine Auswirkung der historischen Unterjochung der Frau an. Im 123. Psalm wird in ähnlicher Weise auf die Beziehung zwischen Knechten und Herren und Mägden und Frauen angespielt. Da überrascht es nicht, daß Humanisten und Feministinnen dem, was ich mittelbares oder abgepralltes Selbstbewußtsein nenne, kritisch gegenüberstehen und sagen, es könne zwar durchaus wahr sein, daß der Zustand der Abhängigkeit uns subjektiver mache, es sei aber weit besser, das Joch abzuschütteln und den Versuch zu machen, ein wahrhaft autonomes Selbstbewußtsein zu erlangen – in *beiden* Fällen.

Worauf es zwei Erwiderungen gibt. Zu der ersten gehört eine Argumentation, die mindestens bis zu Figaro und Hegel zurückreicht, vermutlich aber noch viel weiter. Das Auge des Herrn, das auf demjenigen ruht, der sich in einem Zustand der Abhängigkeit befindet, macht das Subjekt noch subjektiver. Wenn der Abhängige gezwungen ist, sorgfältig und ständig zu bedenken, wie er sich mir präsentiert *und zugleich* bedenkt, wie ihm mein Verhalten erscheint, hat er am Ende ein viel klareres Bild von *beiden* Parteien der Beziehung und ist deshalb mit besseren sozialen Fähigkeiten ausgestattet. So kommt es, daß Jeeves *natürlich* schlauer ist als Wooster, daß Figaro Almaviva überlistet, die Frau den Mann, und seit Abraham sind die Juden schlauer gewesen als ihr Gott.

Eine wahrhaft postmoderne Definition wahrer Religion: einer Religion, die den Menschen klüger macht als seinen Gott. Die Praxis, sich und die eigene Welt wie durch die Augen Gottes zu betrachten – das heißt vom allgemeinen und idealen Standpunkt aus –, hat viele Vorteile. Sie erhöht das Bewußtsein, verleiht einem ein Gewissen und hilft einem, sich und andere mit größerer moralischer Klarheit zu sehen. Sie eröffnet auch große humorvolle Möglichkeiten, die Juden und Osteuropäer höchst wirkungsvoll genutzt haben. Die Sichtweise durch Gottes Auge ist auch die komische Sichtweise.

Und jetzt die zweite Antwort an diejenigen, die der Meinung sind, die abgeprallte Form des Bewußtseins sei für einen modernen Menschen zu servil: So wie selbst eine Feministin gelegentlich zu ihren alten unverbesserlichen Ansichten zurückkehrt, um einen taktischen Sieg über einen Mann zu erringen, oder einfach nur zum Vergnügen oder aus beiden Gründen zugleich, so kann auch ein christlicher Nicht-Realist wie ich sich oft dabei ertappen, daß er in den alten Typus des Gottesbewußtseins zurückverfällt und betet oder verehrt, weil er es wünscht oder weil es hilft. Und warum nicht? Ich glaube sogar, daß ich Gott mehr liebe, seitdem ich weiß, daß er freiwillig ist. Ich liebe Gott noch immer und bete zu ihm, obwohl mir voll und ganz bewußt ist, daß es keinen Gott gibt. Vielleicht mußte Gott erst sterben, damit unsere Liebe zu ihm gereinigt wurde.

Ich schlage in allem Ernst vor, daß man Gott selbst nach seinem Tode noch lieben kann. Das möchte ich gern näher erläutern.

Ein bekannter Londoner Psychotherapeut führt die nichtgesteuerte Methode der Beratung ins Extrem. Während seiner Sitzungen sitzt er seinem Patienten an einem breiten Tisch gegenüber und trägt dabei eine Brille mit sehr dunklen Gläsern. Seine Ellbogen ruhen auf der Tischplatte, und er hat den Kopf in die Hände gestützt. Er sitzt vollkommen regungslos und mucksmäuschenstill da. Dem liegt der Gedanke zugrunde, sich möglichst weitgehend auszulöschen oder zu entpersönlichen. Seine Patienten zeigen sich zunächst aus der Ruhe gebracht und dann irritiert. Schließlich sprudelt es aus ihnen heraus. Sie reden und reden. Er sagt immer noch nichts. Dann reden sie noch mehr.

Als ich davon erfuhr, habe ich ihm zum Spaß vorgeschlagen, daß er vielleicht den Gipfelpunkt seiner Profession erreichen könne, wenn er sich durch einen »Pappkameraden« ersetze oder vielleicht eine Schneiderpuppe. Da er nichts tut, wäre ein Zeichen seiner selbst genauso wirksam wie seine persönliche Anwesenheit; und da Zeichen unendlich multiplizierbar sind, wäre er in der Lage, eine Unzahl von Patienten gleichzeitig zu behandeln.

Nach diesem eher banalen Vorschlag hier ein interessanterer: Wäre es nicht noch besser, wenn er sich durch seinen eigenen Grabstein ersetzte? Auf der ganzen Welt suchen Menschen Gräber auf, um zu ihren Toten zu sprechen, und, wie Kierkegaard sagt, die Liebe, die wir für unsere Toten empfinden, ist die treueste, reinste und selbstloseste all unserer Lieben (1966, 9. Kap.). Der tote Mensch, den ich liebe, ist unendlich stumm und geduldig. Er begleitet mich, wohin ich auch gehe. Es kann keine Rede davon sein, daß ich ihn täuschen könnte: Schon die bloße Idee ist absurd. Er ist unveränderlich. Da er an die Ewigkeit gebunden ist, altert er nicht. Je mehr Kierkegaard so fortfährt, um so erstaunter ist man, daß er nicht bemerkt, wie er den Toten die Attribute Gottes gegeben hat. Umgekehrt sind die Attribute Gottes denen eines toten Menschen sehr ähnlich.

Kierkegaard fährt in seinem gewohnten atemlosen Stil fort und bemerkt, wenn man jemanden dazu bringen wolle, sich zu verraten, müsse »man sich bei einer Unterhaltung mit ihm zu einem *Niemand* machen«. Und das ist die Verschlagenheit des toten Menschen: Er *ist* niemand – und hat daher die Macht, die Wahrheit über uns aus uns herauszulocken. Doch obwohl der tote Mensch niemand ist, haben wir den Toten gegenüber Pflichten. In ihrer Gegenwart – *Gegenwart?* – treten wir behutsam auf, sprechen leise und bringen ihnen kleine Opfergaben, Blumen.

Die Allgegenwart der Toten ist genau wie die Gottes, insoweit nämlich, als wir den Gedanken an sie zwar überallhin mitnehmen, zugleich aber auch einen Ort brauchen, an dem ihre abwesende Präsenz oder ihre präsente Abwesenheit durch ein besonderes Merkmal gekennzeichnet wird. Dieses Merkmal – Grabstein, Altar, oder was auch immer – bringt uns zum Sprechen und dient somit als Hebamme der Wahrheit.

Nietzsche spricht in einer für das neunzehnte Jahrhundert typischen Manier von den Kirchen als den »Gräbern Gottes«, aber es kommt ihm nicht in den Sinn, daß wir eines Tages Kirchen besuchen könnten, weil es uns dort drängt, zu Gott zu sprechen, etwa so, wie wir Gräber aufsuchen, um mit unseren Toten zu kommunizieren, und zwar mit vergleichbarem Gewinn.

Die Liebe zu einem Gott, der tot ist, ist eine sehr reine – und religiöse – Form von Liebe. Man stelle sich einen Parallelfall vor: Die reinste und religiöseste Danksagung, zu der wir Menschen fähig sind, ist der alltägliche Ausruf: »Gott sei

Dank!«, der einfach ein Ausdruck tiefempfundener, nicht-objektiver kosmischer Dankbarkeit ist.

Ich schlage vor, daß wir das Auge Gottes künftig als eine freiwillige Form von Bewußtsein betrachten sollten, für die man sich dann entscheiden kann, wenn einem danach ist oder es einen danach verlangt. Es ist aber keineswegs die einzige Wahlmöglichkeit.

Die glückselige Leere

Nicht nur im Buddhismus, sondern auch in anderen religiösen Traditionen besteht das Endziel von Meditation und kontemplativem Gebet in einem Zustand, in dem alle Vorstellungen, Unterschiede und Formen verschwunden sind und auch das Subjekt in leere Glückseligkeit entleert wird. In den religiösen Schriften wird dies mit Schlaf verglichen, mit dem Auslöschen einer brennenden Kerze, mit Tod und Vernichtung. Da es in unserer heutigen Gesellschaft immer noch viele Menschen gibt, die der Gedanke an das Ende des Lebens nach dem Tod quält und die eine irrationale Angst vor dem Tod und dem Zustand haben, tot zu sein, kann die Disziplin der Leere von großem therapeutischem Wert sein. Und es gibt keinen Grund, weshalb wir Meditation und kontemplatives Gebet nicht in rein säkularen und psychologischen Begriffen als Form von Entspannungsübungen sehen sollten. Die Wärme von Entspannung und die von den Mystikern beschriebene Wärme sind identisch – bei tiefer Entspannung weiten sich die Kapillargefäße, und die Haut fühlt sich wärmer an.

Die glückselige Leere könnte man das kühle Erhabene nennen. Diskussionen über das Erhabene beginnen meist mit Burke und Kant und vor allem mit der besonderen Art von Begeisterung, die wir bei der Betrachtung der ungeheuren Größe der Natur empfinden (Kants »Mathematisch-Erhabenes«) oder der Macht der Natur (Kants »Dynamisch-Erhabenes«: Siehe *Kritik der Urteilskraft*, S. 114–135). Kant lehrt, daß die Vorstellungskraft zwar durch die ungeheure Größe der Natur besiegt werden könne, und obwohl wir uns durch die gewaltige Kraft der Natur seelisch überwältigt fühlen könnten, werde unsere Vernunft nicht besiegt. Die Vernunft kann diese ungeheure Größe erfassen und tut es auch, und sie beschreibt die Gesetze, denen diese Kräfte gehorchen. Somit erweist sich das Erhabene Kants am Ende als Stolz auf unsere Rationalität. Das gefällt mir nicht.

Das kühle Erhabene ist ganz anders: Es ist sogar das Gegenteil vom Erhabenen Kants. In der abstrakten expressionistischen Malerei der USA – zum Beispiel bei Barnett Newmans *Day One* (1951–1952) – ist die Leinwand ungerahmt, und da sie nichts weiter ist als ein einfaches scharlachrotes Rechteck von etwa 3,6 Metern Höhe und 1,2 Metern Breite, ähnelt sie fast einem Swimmingpool. Die Augen tauchen hinein. Das Gemälde verschluckt den Betrachter. »Das Erhabene ist jetzt«, erklärte Newman in seinem persönlichen Manifest, und Mark C. Taylor bemerkt: »Diese Unmittelbarkeit ist die ästhetische Version des verbindenden Erlebnisses, das der Zweck der negativen Theologie ist« (1992b, S. 13–16). In der von mir bevorzugten Terminologie: Die glückselige Leere, das abstrakte Heilige, das kühle Erhabene und das Verschwinden des Selbst in Immanenz, Objektivität und Nichtsein. Das liebe ich.

Es gibt einen weiteren Grund, weshalb wir die Disziplin der Leere brauchen. In der postmodernen Kultur, nach dem Ende der alten Metaphysik, hat nichts mehr einen gesicherten und objektiven Wert oder eine Grundlage. Da draußen in der Welt gibt es keine feste Ordnung der Dinge mehr. Alles ist vom Zufall abhängig, einem beständigen, grenzenlosen Fluß zeichenhafter Energien, der sich einfach unablässig ergießt und irgendwo versickert. Um beliebte, schon oft angeführte Redensarten zu wiederholen: *das wär's; das ist alles* – und jetzt befällt uns plötzlich Höhenangst, weil wir keine Ahnung haben, ob wir sagen sollen, daß dieses unser dahineilendes Leben unendlich wichtig oder unendlich *un*wichtig geworden ist. Das nervöse Hin und Her zwischen Gewichtigkeit und Leichtigkeit ist für viele von uns im Augenblick sehr schwer zu ertragen, und ich schlage vor, daß wir die Disziplin der Leere, die Meditation auf der Grundlage der allgemeinen Leere und Nichtigkeit, als Hintergrund benutzen sollten, vor dem wir den beständigen Wechsel unseres Lebens unterbringen und sehen können. Die glückselige Leere, *sunyata*, kann somit den alten metaphysischen Gott ersetzen und – gerade uns Menschen des Westens – eine neue und sehr dringend benötigte Möglichkeit bieten, für unser Leben eine Perspektive zu gewinnen.

Solares Leben

Das heutige Wissen legt die Vermutung nahe, daß die Welt aus einem sich stetig ergießenden Strom winzig kleiner Energien besteht, und zwar nur daraus. Wir sind zeitweilige Aggregate des Welt-Stoffs. Wir erhalten unser Dasein eine Zeitlang dadurch aufrecht, daß wir Weltereignisse als Zeichen deuten, uns ausdrücken und damit auch miteinander kommunizieren (es sei darauf hingewiesen, daß – da Zeichen allgemein sind – unser gesamtes kommunikatives Leben von einer Beziehung des einzelnen zum einzelnen über das Allgemeine abhängt. Insoweit ist unser gesamtes kommunikatives Leben religiöses Leben.)

Wir sehen die Welt also als einen steten Wechsel von Ereignissen, die wir als Zeichen deuten. Welt-Stoff breitet sich unablässig aus, Sinninhalte tun es ebenfalls. Es gibt nichts Unveränderliches, und nichts außerhalb des steten Wandels. Wir sollten jeden Gedanken an sogenannte Absoluta aufgeben, weil es keine gibt. Wir haben keinen Zugang zu einer von uns unabhängigen objektiven Ordnung. Wir nehmen nur mit unseren symbolischen Äußerungen Verbindung auf, die für kurze Zeit Stücke von Welt-Stoff erhellen und danach greifen, bevor er entgleitet.

Daraus folgt, daß wir selbst die einzigen Urheber von Sinn und Wert sind. Sinninhalte und Werte, die wir in unserem Leben wahrnehmen können, müssen Werte sein, die wir ihm zugeschrieben und in es hineinprojiziert haben. Alle Farben von Dingen, alles »Gefühl« von Dingen, sind unsere nach außen projizierten Gefühle. Ethik muß daher solar sein. Wir haben keinen metaphysischen Grund, keine metaphysische Ausrede mehr, uns zu versagen. Wir sollten uns verströmen, wie es die Sonne tut, und uns vollständig mit dem strömenden steten Wandel allen Daseins identifizieren.

Der übergeordnete Grund, weshalb wir dies tun sollten, ist folgender: Nur wenn wir uns in symbolischem Selbstausdruck äußern, können wir uns sammeln. Innerhalb des menschlichen Selbst gibt es stets Kräfte, die miteinander im Widerstreit stehen, aber das Zeichen hat die wundervolle Eigenschaft, mehrere verschiedene Kräfte gleichzeitig herauszuziehen und sie zu einem relativ geeinten Ausdruck zu verweben. Folglich vermögen wir durch Selbst-Objektivierung, Selbst-Entäußerung und Selbst-Vergießen Sinn und Wert zu erzeugen, da wir nun einmal so wundervoll doppelzüngig sind, wie es auch Sprache ist. Wir können leben und leben tatsächlich, indem wir uns *außerhalb legen,* indem wir wahrhaft täuschen, uns ausdrücken und sterben. Ich nenne dies *Post-Heiligkeit*, was folgendes bedeutet: Obwohl ich in mir selbst keinen Sinn ergebe, da ich stets nur ein Bündel von Kräften bin, die miteinander im Widerstreit liegen, kann ich doch in meinem Ausdruck sinnvoll erscheinen, in meinen gesprochenen Äußerungen, meiner Arbeit und meinem gelebten Leben; vorausgesetzt natürlich, mir ist klar, daß ich immer in Bewegung bleiben muß und auf der Stelle das ausgedrückte Selbst zurücklassen muß, das ich kontinuierlich erzeuge. Leben kann nicht besessen werden, und man kann sich auch nicht daran festklammern: Wir sollten uns ausgießen und ohne Zögern oder Bedauern weitergeben. Wir können uns selbst nur sammeln, indem wir uns zurücklassen. Das ist Solarität – zu leben, indem wir ständig sterben, unbekümmert wie die Sonne und im Geist der Bergpredigt. Solare Ethik ist eine radikal gefühlsbetonte und expressionistische Deutung der Ethik Jesu.

Diese drei Themen – das Auge Gottes, die glückselige Leere und das solare Leben – schließen insgesamt das ein, was an den alten Religionen am erhaltenswertesten ist, und bieten vielleicht einen Neubeginn für die Religion der Zukunft. Wir geben die Vorstellung von Religion als einem System beruhigender übernatürlicher Glaubensvorstellungen auf und tauschen sie ein gegen die Idee von Religion als einem Werkzeugkasten.

13 NATURALISMUS, PHILOSOPHIE UND RELIGION

Archäologischen Funden zufolge bildete sich die religiöse Sphäre als eigenständiger Lebensbereich um das Jahr 3800 v. u. Z. in Uruk. Im dritten Kapitel habe ich die Vermutung geäußert, daß der frühe Stadtstaat vermutlich ein ausgeprägtes Bedürfnis nach einer sehr starken Zentralgewalt hatte. Danach entwickelt sich stetig eine dualistische Kosmologie, welche die Bereiche des Säkularen und des Heiligen in einen Gegensatz zueinander stellt, religiöse und zivile Autorität und Recht, die Welt des Übernatürlichen und die des Natürlichen sowie bei Menschen Seele und Körper.

Heute geht dieser uralte Dualismus schließlich zu Ende. Ich habe von einem naturalistischen oder Eine-Welt-Standpunkt aus eine Deutung vorgeschlagen, sowohl dessen, was Religion in der Vergangenheit gewesen ist, als auch dessen, was sie künftig vielleicht werden könnte.

Als Anschauung geht der religiöse Naturalismus mindestens auf Spinoza zurück. Die Jung-Hegelianer – Schriftsteller wie Ludwig Feuerbach und Karl Marx – waren schon in den 1840er Jahren voller Selbstbewußtsein dabei, die religiöse Welt in ihre säkulare Grundlage aufzulösen. Der stärkste Einzeleinfluß auf den modernen religiösen Naturalismus hat vermutlich der Darwinismus ausgeübt. Nach Darwin sahen wir uns am Ende genötigt, uns einer nicht-dualistischen Sicht sowohl des Menschen als auch der Welt zuzuwenden.

Ich muß jedoch eingestehen, daß der religiöse Naturalismus bis jetzt eine Minderheitenmeinung bleibt. Die meisten Menschen assoziieren Religion immer noch mit einer eigenen heiligen Welt, mit Platonismus, Langfristigkeit, Transzendenz und Übernatürlichem. Solche Menschen sind überzeugt, daß ein Gemälde nur insofern religiös sein kann, als man es als eine Ikone oder als ein Zeichen deuten kann, das den Betrachter von der Leinwand auf ein unsichtbares spirituelles Reich jenseits davon verweist. Nach dieser Ansicht können die großen scharlachroten Rechtecke Barnett Newmans keine religiösen Gemälde sein, weil ihre Anziehungskraft ausschließlich *auf* der Leinwand liegt, und zwar unmittelbar und sinnlich. In meiner Terminologie jedoch sind Newmans große Arbeiten solar. Sie erschaffen in purer sinnlicher Unmittelbarkeit einen Effekt ekstatischer Immanenz. Sie suchen die Ewigkeit mit dem Jetzt zu verschmelzen, was meiner Ansicht nach genau das ist, was die Religion künftig tun muß.

Gleichwohl muß man zugeben, daß die meisten Menschen in ihrem Religionsverständnis hartnäckig dem Übernatürlichen verhaftet bleiben. Es wird einige Mühe kosten, sie davon zu überzeugen, daß ein kompromißloser Naturalismus als philosophische Betrachtungsweise jetzt unausweichlich ist.

Der Beweis, der von Kant am besten geführt oder zumindest vorgeschlagen wird, besteht in der Darlegung, daß Naturalismus und Vernunft gleichwertig sind. Es ist nicht möglich, eine schlüssige praktische Weltsicht zu haben – besonders in unserer technologischen Kultur –, wenn diese nicht auf naturalistischen Voraussetzungen beruht. Alle unsere Arbeitshypothesen darüber, welche Dinge mit Fug und Recht zu erwarten sind oder als wahrscheinlich anzusehen sind, setzen den Naturalismus voraus.

Nehmen wir an, Ihr Wagen springt nicht an, und Sie holen einen Mechaniker. Sie sehen ihm bei der Arbeit zu und beantworten seine Fragen, als er durchprüft, was nur eine endliche Liste von Möglichkeiten sein kann, wie Sie beide wissen. Nicht für einen Moment wird einer von Ihnen die Theorie in Erwägung ziehen, daß das Nicht-Anspringen des Wagens keine Ursache hat oder dem Einwirken irgendwelcher übernatürlicher Kräfte zuzuschreiben ist.

Jeden Tag machen wir von vielen komplexen Technologien

Gebrauch und gehen dabei davon aus, daß sie gründlich getestet worden sind und zuverlässig funktionieren. Wenn sich eine davon als stark fehlerhaft erweist, würden wir nicht zögern, vom Hersteller Schadensersatz zu fordern. Schlimmer noch: Unsere Technologien wären so gut wie nutzlos, wenn ihre Funktion tatsächlich jederzeit durch das Einwirken übernatürlicher Kräfte beeinträchtigt werden könnte. Die Arbeit des Mechanikers setzt als Prämisse den Naturalismus voraus. Auch im persönlichen Bereich gelten die gleichen Überlegungen. Man stelle sich nur vor, jemand versuchte ein Theaterstück mit einem halben Dutzend Personen zu schreiben, von denen eine Person übernatürliche Kräfte besitzt und ohne jede Vorwarnung zu allem fähig ist. So etwas läßt sich nicht machen: Ein solches Stück ist unschreibbar. Das ganze Grundmuster der Erwartungen gegenüber den Menschen und deren wahrscheinliches Verhalten, nach dem wir normalerweise leben, ist dann zusammengebrochen. Alles kann passieren, und das Ergebnis ist Chaos. Wir können nichts mehr berechnen. Wir wissen nicht mehr, wo wir stehen.

Im gewöhnlichen Leben brauchen wir eine naturalistische Anschauung. Wo ein Dichter wie Shakespeare mit einem übernatürlichen Apparat arbeitet, kann er ihn nicht auf überzeugende Weise mit der Haupthandlung verknüpfen und tut dies auch nicht. Er schiebt ihn an die Peripherie, wo er wie der Chor im antiken griechischen Drama eingesetzt wird, um Kommentare zu machen und Hinweise zu geben. Shakespeares reale Welt menschlicher Interaktion ist eine säkulare, humanistische, erzählende Welt, etwa wie die Welt der beiden Bücher Samuel im Alten Testament. Sie muß es sein.

Unsere Annahmen sind naturalistisch, weil wir (weitgehend aus kantschen Gründen) davon ausgehen müssen, daß Raum und Zeit kontinuierlich sind, ohne Lücken oder plötzliches »Vorspulen« darin. Wir können Dinge nur dann begreifen und erfassen, wenn sie unter irgendein allgemeines Wort oder irgendeine sprachliche Gestalt fallen, und wir können Ereignisse oder Ereignisketten nur dann verstehen, wenn sie unter irgendeine allgemeine Regel oder ein Erzählmuster fallen. Mit einem Wort: Schon unsere Sprache zwingt uns dazu, Dinge und Ereignisse zu klassifizieren und theoretisch zu ordnen, damit wir sie in den Griff bekommen; und die Allgemeingültigkeit der Sprache ist der Beginn der Wissenschaft.

Wenn wir also bei unseren täglichen Aufgaben und sozialen Beziehungen stets von einer implizit naturalistischen Anschauung ausgehen und übernatürliche Glaubensvorstellungen – realistisch verstanden – nie ins Alltagsleben überzeugend verwoben werden konnten, wie konnte sich dann der Offenbarungsglaube überhaupt entwickeln? *Wofür* war er gedacht?

Ich habe die Ansicht vertreten, daß eine Gesellschaft mit Hilfe ihres Systems übernatürlicher Glaubensvorstellungen selbst darstellt, wie ihre Sprache ihre Welt baut. Wenn wir Mythen erzählen und übernatürliche Glaubensvorstellungen weitergeben, geben wir kodierte Anweisungen für die Erschaffung einer Welt weiter, Botschaften über Wertvorstellungen, empfohlene Verhaltensmuster und so fort.

Wir halten mit chauvinistischem Eigensinn gerade an unserem Kodex übernatürlicher Glaubensvorstellungen und Geschichten fest, *weil deren Besonderheit unsere Identität ist.* Diese Vorstellungen und Geschichten kommunizieren unsere ganz eigene Version von der Welt und unsere Lebensform, zwar in kodierter Gestalt, aber dennoch sehr wirkungsvoll.

Weil man in der Vergangenheit allgemein der Ansicht war, daß dieses gesamte Material unverändert und von jedem gründlich verarbeitet weitergegeben werden müsse, um die eigene ethnische Kulturtradition aufrechtzuerhalten, wurde diese allgemein als realistisch gelehrt und verstanden – als beschriebe man eine tatsächlich existierende unsichtbare Welt des Übernatürlichen im Jenseits. Aber heute hat die Globalisierung unserer Wissenschaftstheorie, unserer Technologien und unserer Kommunikationen den Naturalismus überall urplötzlich demokratisiert.

Das Ergebnis ist, daß die Tradition entdeckt, daß man sich über sie lustig macht, sie in Anführungszeichen setzt, glaubt – und gleichwohl nicht *wirklich* glaubt. Man ermahnt und drängt uns, an unseren Traditionen festzuhalten, aber nicht etwa, weil sie unsere intellektuelle Zustimmung erzwingen könnten (das können sie nicht mehr), sondern einfach als eine Angelegenheit ethnischer Loyalität und politischer Pflichterfüllung. Der Judaismus sieht sich in Zionismus verwandelt, und auch jede andere alte Religion muß auf ähnliche Weise entdecken, daß man sie in eine politisierte, ethnonationalistische und rechts-postmodernistische Version ihrer selbst verwandelt. Konflikte zwischen Gemeinschaften und Glaubensbekenntnissen sind in vielen Teilen der Welt endemisch geworden.

Viele Menschen haben das Gefühl, sich in Widersprüchen zu verfangen. Die Mittel, mit denen sie sich darum bemühen, ihre traditionellen Glaubensvorstellungen zu verteidigen und neu zu bestätigen, kehren den Verlust traditioneller religiöser Werte nicht etwa um, sondern *beschleunigen* ihn noch; und weltweit sind die Kräfte, die dazu neigen, traditionelle Identitäten zu liquidieren, weit stärker, als alle Versuche, diese zu bewahren, je erhoffen können.

14 GLOBALISIERUNG UND DAS ENDE DES ANDEREN

Noch zu Beginn des zwanzigsten Jahrhunderts konnte man allgemein davon ausgehen, daß jeder Mensch und jedes menschliche Produkt eine eindeutige kulturelle Herkunft besaß. Alle und alles gehörten irgendwo hin – das heißt sie hatten einen Hintergrund oder Kontext, in dem man sie unterbringen konnte. Ein Forum von Historikern, Anthropologen, Museumskuratoren und Angehörigen ähnlicher Berufsgruppen hätte sehr schnell so gut wie alles identifizieren können, was man ihnen präsentiert hätte, und zwar mit höchst geringen Fehlerquoten – zumindest wenn sie über das Wissen von heute verfügt hätten. Und in diesem Zusammenhang sollte festgehalten werden, daß etwas zu »identifizieren« bedeutet, daß man einer Sache ihre Adresse geben kann, ihren Herkunftsort und ihr Herkunftsdatum und sie innerhalb einer sich historisch entwickelnden Kulturtradition einordnen kann.

Jede Tradition, ob sie nun so klein war wie ein Stamm oder so groß wie eine ganze Zivilisation, ja selbst jeder Zeitabschnitt innerhalb einer sich fortentwickelnden Tradition war eine zusammenhängende Gesamtheit mit einem eigenen, unverkennbaren Stil und Besonderheiten, die jedes ihrer Erzeugnisse färbte, ob diese nun menschlicher, materieller oder ideeller Natur waren. Es war so gut wie unmöglich, etwas Barockes mit etwas Mittelalterlichem zu verwechseln oder eine kulturelle Eigenart der Maya mit einer der Azteken und so weiter. Natürlich gibt es Übersetzungen, selbstverständlich auch Ähnlichkeiten und Übereinstimmungen verschiedener Kulturen, aber es bleiben wichtige Bereiche, in denen Kulturen nicht miteinander vergleichbar sind. Jedem Volk erscheint der Rest der Welt zutiefst anders, fremdartig, eigentümlich, exotisch und jenseitig. Dieses Gefühl kann sogar so stark sein, daß viele Menschen den Kontakt mit dem Anderen als rituell verunreinigend ansehen.

1900 begannen erst einige wenige Denker, die Implikationen von all dem zu erkennen, Denker wie Ernst Troeltsch und andere vom deutschen Idealismus beeinflußte Autoren, vor allem aber der französische Soziologe Emile Durkheim.

Die Argumentation setzt sich jetzt fast selbst fort. Die kulturelle Totalität, in der ein Volk lebte, war sein Schöpfer. Darin lebte es, bewegte es sich und hatte sein Dasein. Die kulturelle Totalität schuf alles, was die Menschen taten und machten. Sie hatte höchste Autorität über sie, sogar so sehr, daß von Männern überall die Bereitschaft erwartet wurde, für sie zu sterben. Sie hatte sie hervorgebracht und ihnen einen Namen gegeben, ihre Identität, und so war es nur angemessen, daß man im Gegenzug von ihnen verlangte, ihr bedingungslose Treue zu schenken, sie bei ihrem wahren und richtigen Namen zu benennen, ihren geheiligten Namen zu ehren und bereit zu sein, in ihrem Namen zu kämpfen – denn der Name des einen Gottes, das ist jetzt klar, ist das Äquivalent des einzigartigen und unverkennbaren Charakters (Stempel oder Merkmal) und der Ansprüche der kulturellen Gesamtheit oder symbolischen Ordnung, der man angehört.

Jetzt kommt ein recht geordnetes Denkmuster ins Blickfeld. Götter sind ethnisch; jeder mit einem Namen belegte Gott ist durch einen Bund mit einem bestimmten Volk verbunden, dessen Gott er ist; die Funktion des eigenen Gottes besteht darin, die kulturelle Totalität *zu kennzeichnen*, in der man lebt und der man Treue schuldet; jedes theologische System übermittelt eine Vielzahl sozialer Botschaften, weil die religiösen Gesetze, die der namentlich benannte Gott festgelegt hat, ein Regelwerk darstellen, mit dessen Hilfe das Volk seine Version der symbolischen Ordnung hervorbringt, und schließlich wohnt der eigene Gott einem zumindest insofern inne, als (poetisch gesprochen) der Nationalgeist jedem Menschen innewohnt. Genauer: Man sieht jedem Menschen ganz genau an, welchen kulturellen Hintergrund er hat. Alles, was man spricht, das gesamte Verhalten, alles ist durch die eigene Kultur geformt und somit für andere lesbar. Das ist die *buchstäbliche,* »wörtliche« Bedeutung göttlichen Innewohnens: daß das Gesetz in unsere Herzen *geschrieben* ist – was wiederum bedeutet, daß wir durch das Zeichensystem, in dessen Rahmen wir funktionieren, innerlich geformt und geschaffen sind.

Der glückliche Normalzustand in der menschlichen Welt ist somit ein Zustand, in dem der Stamm, die Sprachgemeinschaft, der Nationalstaat oder welches Gebilde auch immer inneren Frieden genießt, in der Anbetung des eigenen Gottes vereint und nach außen hin militärisch stets darauf vorbereitet ist, sich gegen die anderen zu verteidigen, die dieses Gebilde einkreisen. Der glücklichste Zustand von allen ist der offene Krieg, eine Zeit, in der, was wohlbekannt ist, Verbrechen, Selbstmorde und Geisteskrankheiten dramatisch zurückgehen. Die Menschen sind darin vereint, daß sie all ihren Haß und ihre Aggression nach außen gegen das Andere richten und somit untereinander und mit sich in tiefstem Frieden sind.

Im letzten Buch des Alten Testaments wird Gott mit den Worten zitiert: »Ist nicht Esau Jakobs Bruder? Und doch hab ich Jakob lieb und hasse Esau ...« (Der Prophet Maleachi, Kap. 1, Vers 2 und 3). Wenn es eine Wahl geben kann, muß es Zurückweisung geben; Liebe setzt Haß voraus; wenn es ein Wir geben soll, muß es auch ein Sie geben, und wenn man einige einschließt, muß man andere immer ausschließen. Trennung und nicht Vermischung ist für Menschengruppen natürlich, und der Krieg ist normal und nicht der Frieden. In Israel kam es vor einiger Zeit zu einem interessanten Zusammentreffen von Gegensätzen, als ultrakonservative Juden und fundamentalistische Palästinenser, also Jakob und Esau, sich in ihrer Opposition gegen den Frieden einig waren. Die erstgenannte Gruppe bewirkte die Ermordung Jitzhak Rabins, die zweite die Ermordung von Busladungen israelischer Zivilisten. Die beiden Gruppen waren sich darin einig, daß sie Trennung und Krieg als den normalen und glücklichen Zustand der beiderseitigen Beziehungen ansahen. So sieht Konservativismus aus.

Und im *Europa der Vaterländer* von 1900 war der Stand der Dinge weitgehend ähnlich. Doch umgekehrt ist am Ende des zwanzigsten Jahrhunderts deutlich geworden, daß der Prozeß schneller kultureller Globalisierung, den wir jetzt erleben, eine profunde Herausforderung für alle unsere überkommenen Denkweisen darstellt, für unser Fühlen und dafür, wie wir unsere verschiedenen Welten errichten. Was in Nordirland, in Bosnien, in Israel/Palästina und an vielen anderen Orten geschehen ist, ist mehr als genug, um jeden vernünftig denkenden Menschen davon zu überzeugen, daß wir uns unsere alten Stammesgefühle, unseren Ethno-Nationalismus und unsere alten Religionen nicht mehr leisten können. Sie sind sämtlich Haßmaschinen. Sie einen nur, indem sie teilen, und machen Menschen nur dann zu Gefährten, wenn sie deren Aggression nach außen lenken, gegen den dämonisierten Anderen. Der Ketzer, der Abtrünnige, der Heide, der Ungläubige, der Gottesfeind, der schmutzige Ausländer – das ist ein Vokabular, das wir uns nicht länger leisten können. Die Welt ist zu klein und zu überfüllt geworden, um den Gebrauch solcher Ausdrücke zu erlauben.

Interessanterweise praktizieren unsere großen multinationalen Konzerne, Kommunikations- und Finanzsysteme schon heute eine Art globaler politischer Korrektheit. Kategorien wie Geschlecht, Nationalität, Rasse, Hautfarbe oder Glaubensbekenntnis werden schon recht bewußt ausgeklammert oder außer Betracht gelassen. Ein Arbeiter ist ein Arbeiter, und ein Kunde ist ein Kunde, egal, was er sonst sein mag. Es hat sich eingebürgert, die multinationalen Konzerne zu kritisieren und ihnen vorzuwerfen, sie seien mobil, hätten keine Wurzeln, seien anonym und interessierten sich nur für Profite. Ich möchte hingegen betonen, daß es *gerade diese Merkmale* sind, die sie unseren alten, lokalen, nationalen und religiösen Identitäten überlegen machen. Da sie mobil sind und global arbeiten, können sie es sich nicht leisten, einen Fremden zum Fremden zu machen und ihn auszuschließen. Sie haben somit eine neue Grundlage für gemeinschaftliche Loyalität finden müssen.

Wie schaffen sie das? Wenn man die großen multinationalen Konzerne und Finanzunternehmen virtuelle Länder nennt, fragen sich viele, wie sie es schaffen, die Loyalität all derer zu erringen, die für sie arbeiten. Die traditionellen Bande von Blut, Land und Religion binden diese Menschen nicht. Sie bilden eine Art Einheit, die sich erst nach dem Ende der alten, agrarisch bestimmten Zivilisation hat bilden können und die ihren Maßstäben nach radikal säkular zu sein scheint. Der multinationale Konzern zeigt, daß eine blühende menschliche Gesellschaft nicht unbedingt an ein bestimmtes Stück Land gebunden sein muß, das den Gründungsvätern von Gott verliehen worden ist. Diese Gesellschaft muß sich auch nicht auf Blutsbande gründen und hat es auch nicht nötig, sich in der Verehrung des Gottes der Väter zusammenzufinden. Mehr noch, es ist gar nicht mehr nötig, sich im Gegensatz zu einem Anderen zu definieren, das einen einkreist und bedroht. Somit braucht man auch keine bewachte, ständige Grenze, die wie eine Haut das Innere vom Äußeren trennt.

Es ist sehr postmodern, plötzlich zu erkennen, daß wir tatsächlich keine Wurzeln mehr brauchen, keine Identität, keine Stabilität oder eine Herkunft. Wir können ohne alle diese Dinge auskommen. Ich jedenfalls will sie nicht mehr. Ich ziehe es vor, ohne Identität zu sein. Ich würde gern keiner ethnischen Gruppe angehören und keinen Anderen haben. Man nennt mich einen Nihilisten; aber ich fange an, mich im Nihilismus wohl und *zu Hause* zu fühlen. Es gibt Menschen, welche die gute alte Zeit wiederherzustellen hoffen, indem sie den Islam zu einem neuen, dämonisierten Anderen machen; aber einmal ganz von der Tatsache abgesehen, daß es außerhalb des traditionellen Gebiets des Islam eine jetzt schon sehr große und weiter wachsende Moslem-Diaspora gibt, die selbst dazu bestimmt ist, irgendwann postmodernisiert zu werden, ist jeder Versuch, unser Identitätsgefühl wiederherzustellen, indem wir den Islam zum Opfer machen, auf jeden Fall unnötig und unvorteilhaft. Wir brauchen die alten sozialen und religiösen Kategorien sowie die früheren Denkweisen einfach nicht mehr und haben keinerlei Grund, sie jetzt wieder in ihre alten Rechte einzusetzen. Wir brauchen sie nicht, um Gemeinschaft zu schaffen, und merkwürdigerweise brauchen wir sie nicht einmal, um wir selbst zu sein.

Die Postmodernisierung von Menschen, Kulturprodukten und Gütern geht auf den Beginn des zwanzigsten Jahrhunderts zurück. Schon in Verbindung mit Gestalten wie Nellie Melba und Charlie Chaplin erkennen wir einerseits, daß sie durch neue Technologien allgegenwärtig gemacht wurden und zugleich schon für sich ein wenig nomadenhaft und schwer faßbar waren. Wir wissen nicht ganz genau, wo sie geboren wurden, wo sie starben, welche Nationalität sie hatten und wie ihre richtigen Namen lauteten. Kommt es überhaupt darauf an? Und im Lauf der Zeit trifft das auch auf Tausende von Menschen des zwanzigsten Jahrhunderts zu, so wie es auch auf immer mehr Güter, Rohstoffe und Arbeitsmethoden zutrifft. Indem die Technologien immer effizienter werden, wird alles in unendlicher Zahl vervielfältigt, damit es für jedermann sofort zugänglich ist. Das Anderssein verschwindet in der unendlichen frei assoziierenden Gastfreundschaft des Medienraums. Wenn ich ein ganzes Regal mit Romanen über die versunkene Welt des osteuropäischen Judentums gelesen habe, Bücher von I. L. Peretz, S. J. Agnon, Isaac Bashevis Singer und anderen, gehört mir diese Welt ebensosehr wie den Juden. Warum auch nicht? Ich bin ihr genauso nahe wie sie. Die neue globalisierte Kultur reißt die Barrieren von Raum und Zeit nieder, von Anderssein und Unterschied, und gibt alles der virtuellen Gegenwart zurück, in der alles im Übermaß vorhanden ist.

Die alte Lebensform, die in Ort und Zeit verwurzelt war, in Land und Verwandtschaft, und ausschließlich nationale und religiöse Treuebeziehungen kannte, ist schon weitgehend verloren. Schon jetzt wissen wir zuviel und sind zu pluralistisch geworden. Verschiedene Nationalisten und religiöse Fundamentalisten mögen der Ansicht sein, sie könnten die Uhr zurückdrehen; sie können es jedoch nicht. Schon heute ist die Realität zu einem Kommunikationsnetz geworden, ein sich ergießender, grenzenloser steter Strom von Zeichen, der uns eingeholt hat und uns mit sich fortreißt. Er ist und wir sind mit ihm ohne Fundament und Ziel. Der Strom hat kein Ziel, wir aber auch nicht. Der Strom kleiner Sinninhalte ist so reißend, daß es keinen großen, alles überwölbenden Sinn mehr geben kann.

Was also geschieht unter diesen seltsamen neuen Bedingungen mit Religion und Moral? Wir werden *solar.*

15 DAS ENDE DER MORAL UND DIE RÜCKKEHR DER ETHIK

Der schnelle Verfall der alten Religionen ist, wie ich schon betont habe, mit dem Ende der alten, landwirtschaftlich bestimmten Zivilisationen und den höchst spezifischen Formen politischer Strukturen und religiöser Ideologien, die sie hervorgebracht haben, eng verbunden. Man hat schon prophezeit, daß im Jahre 2000 die Hälfte der Menschheit und im Jahre 2025 zwei Drittel aller Menschen Stadtbewohner sein werden, die in der neuen globalen Kultur verankert sind.

Wie wir gesehen haben, mußte der frühe Stadtstaat ein sehr starkes heiliges Autoritätszentrum und einen Brennpunkt der Untertanentreue errichten, um überhaupt funktionieren zu können. Daraus entwickelte sich im Lauf der Zeit ein klarer Dualismus zwischen der Welt des Heiligen und der Welt des Profanen: Gott und König, Tempel und Palast, Himmel und Erde, die Welten des Übernatürlichen und des Natürlichen. Der Gott in seinem Tempel band sein heiliges Volk an dessen heiliges Land und verwob es mit den Zyklen menschlicher Tage, Jahre und Lebenszeiten in die zyklischen Rhythmen des Kosmos. Da die Menschen dem Gott und der spezifischen Version symbolischer Ordnung, die er ihnen gegeben hatte, ausschließliche Treue geschworen hatten, unterschied sich dieses sein heiliges Volk von den diese Menschen einkreisenden (drohenden, unreinen) Anderen, die sie umgaben. Ein bestimmter ethnischer Stolz auf die eigene Besonderheit und einzigartige Identität entschädigte diese Menschen für die strikten disziplinarischen Ansprüche des religiösen Gesetzes.

Auf dem Gipfelpunkt seiner Entwicklung erzeugte dieses ganze System erzählende Kosmologien und Lehrgebäude sehr großen Ausmaßes. Als in der Zeit von etwa 800 v. u. Z. bis zum Jahr 600 u. Z. eine erneute Sorge um die Reise des einzelnen zu persönlicher Erlösung aufkam und in das System eingebaut werden mußte, wurde auch die Lebensgeschichte jedes einzelnen in eine ausführliche Erzählung aufgenommen. Gott hatte das Individuum (das hoffte man jedenfalls) seit aller Ewigkeit für die Erlösung vorherbestimmt, und das irdische Leben des Menschen war im Vergleich zu dem, was danach kommen würde, nur ein kurzer Augenblick. Es dauerte an die 90000 Lebenszeiten, um ein Buddha zu werden, und es waren 500000 Jahre Fegefeuer nötig, um den Menschen von Sünden zu reinigen und für den Himmel reif zu machen. Die endgültige Glückseligkeit war also sowohl unendlich wichtig als auch unendlich weit entfernt. Gleichwohl konnte jedes Handeln im Leben grundsätzlich direkte Auswirkungen auf die persönliche Erreichung dieses endgültigen Ziels haben. Dementsprechend wurden kunstvolle Systeme religiösen Rechts entwickelt, nämlich mit dem Ziel, ein in moralischer Hinsicht einheitliches Leben hervorzubringen, das in angemessener Weise auf das Erreichen dieses Ziels ausgerichtet war. Moral wurde somit mit der juristischen Elle gemessen: Sie war asketisch, erzieherisch und sehr langfristig orientiert.

Die eindrucksvollste intellektuelle Einzelleistung der alten Ordnung war Platons Metaphysik, deren rund zwanzig grundlegende Prinzipien die alte Ordnung bis zur Zeit der Aufklärung stützten. Aber so, wie die landwirtschaftlich geprägte Zivilisation nach und nach durch unsere neue, auf den Wissenschaften beruhende industrielle Zivilisation ersetzt worden ist, ist gleichzeitig eine Reihe von Philosophen, angefangen bei Hume und Kant bis zu Nietzsche und dem jungen Derrida, am Werk gewesen, um das gesamte Fundament Platons zu demontieren, und zwar Stück für Stück.

Was also passiert als nächstes? Interessanterweise waren die alten Glaubensbekenntnisse nicht nur sehr kosmologisch und breit angelegt; sie entwickelten auch, und zwar in einem dialektischen Gegensatz zu der umfassenden Sicht, eine hochkonzentrierte und kurzfristige Sicht, die um das Verlangen des einzelnen kreiste, die Erlösung nicht am Ende der Zeiten zu erleben, sondern *jetzt*. Der Gegensatz hier besteht grob gesagt zwischen Dogmatismus und Existentialismus oder zwischen Metaphysik und deren Dekonstruktion, zwischen der kosmischen großen Erzählung und der plötzlichen Bekehrung der Seele oder aufblitzender Aufklärung *(satori)*, mit der der einzelne vorübergehend Glückseligkeit erlangt.

Die großangelegte erzählende Vision sieht den Weg zur Erlösung als ausgedehnte Pilgerreise, als mühseligen Aufstieg oder disziplinierte Reinigung, die zahlreiche Stadien durchlaufen muß. Zur Unterstützung auf dieser Reise werden wir eine große erzieherische Institution brauchen, die uns all die richtigen Dinge lehrt, an die wir glauben sollen, und alle richtigen Regeln, die wir zu befolgen haben. Während der großen Reise, die Geschichte heißt, erinnern wir uns regelmäßig an die grundlegenden Ereignisse, die unsere Reise in Gang gesetzt haben, und an die Hoffnung auf Ruhm, der uns an ihrem Ende erwartet. Die Lebensgeschichte des einzelnen erhält somit Sinn, indem sie in die größere soziale und kosmische Geschichte aufgenommen wird. So paßt auch meine Lebensgeschichte von der Taufe bis zu Tod, Fegefeuer und Himmel in den langen Marsch der militanten, erwartungsvollen und triumphierenden Kirche, einen Marsch, der sich wiederum in eine kosmische Heilsgeschichte einfügt, die auf dem Weg über Schöpfung, Sündenfall und Erlösung von Ewigkeit zu Ewigkeit verläuft.

Heute jedoch ist die gesamte kosmologische oder großangelegte erzählerische Seite der Religion vollkommen zusammengebrochen. Eins wissen wir genau: daß es keinen rational geordneten Plan in der Welt gibt, keinen zu den großangelegten Erzählungen passenden vorgefertigten Sinn des Lebens, dem sich unser Leben mühelos anpassen kann. Ebenso sicher wissen wir, daß es im buchstäblichen Sinn keine übernatürliche Ordnung gibt und auch kein Leben nach dem Tod. Dieses Leben ist alles, was wir haben. Wenn man tot ist, ist man tot. Das weiß jeder.

Und was *ist* dieses »dies«, was wir haben? Es gibt ausschließlich einen sich ergießenden, sich stetig erneuernden Strom winziger Weltereignisse, von denen wir einfach nur Teile sind. Wir können *die* Welt als *unsere* Welt begreifen, und zwar nur als unsere Welt, eine Welt, die durch unsere Gefühle gefärbt, unsere Sprache geformt und unsere Theorien strukturiert wird. Es gibt keine reale Welt im Sinn eines Fertig-Kosmos, der mit Rationalität, Sinninhalten und Wertvorstellungen für uns vorgefertigt ist. Was wir vor uns sehen, ist keine nackte, aber gleichwohl vollendete Welt, die für uns vorgefertigt ist, weil wir niemals eine nackte Welt sehen. Wir sehen immer nur und ausschließlich eine Welt-*Sicht*, eine Konstruktion von Dingen, die wir selbst im Lauf der vergangenen Jahrhunderte und Jahrtausende entwickelt haben. Wir sehen eine sorgfältig zurechtgemachte, voll angekleidete Welt, und jedes kleine Stück von dem, was wir sehen, hat eine Geschichte. Sowohl im größten Maßstab wie im kleinsten Detail ist alles, was wir wahrnehmen, eine von Menschen angeeignete Welt.

Im Grunde wissen wir alle, daß die Dinge so und nicht anders sind. In welchem Fall die ausgebreitete, umfassend erzählte kosmologische Art von Religion entweder tot ist oder zumindest einer drastischen Revision und Neuinterpretation bedarf. Was die Betonung des Religiösen betrifft, wird es jetzt in der kurzfristigen Sicht untergebracht. Nicht in dem großangelegten Lehrsystem und dem moralischen Code, sondern in der teleskopartig zusammengezogenen Sicht, die manchmal im archaischen Sinn eine »Ethik« genannt wird, die man sonst aber als eine Art von Bewußtsein bezeichnen könnte, als eine Spiritualität, eine Lebensform und so weiter.

Somit bleibt von den alten Religionen nur eine kleine Zahl von Tricks und Techniken religiöser Existenz übrig: Möglichkeiten, ein Selbst zu sein und sich zu dem Ganzen in Beziehung zu setzen, von dem man ein Bestandteil ist. Diese Tricks können uns dabei helfen, das Leben zu lieben und gut zu leben: das ist heute Religion. Ich habe drei solcher Tricks beschrieben. Das Auge Gottes ist der Trick, mit dessen Hilfe man sich auf dem Weg über das Allgemeine zu sich selbst in Beziehung setzt, mit dessen Hilfe man sich und den Ausdruck des eigenen Lebens wie durch die Augen Gottes sieht. Dies ist es, was an der Idee von Gott wertvoll bleibt. Die glückselige Leere ist der Trick, mit dessen Hilfe man vollständig entspannt, sein Tempo verlangsamt und seine Leidenschaften dämpft, bis das Selbst sozusagen in die flüchtige, immaterielle Leere allen Daseins zerstreut wird. Man muß lernen, den Nihilismus als Sorglosigkeit und als Leichtigkeit zu erleben. Das eigentümliche, unerwartete Glücksgefühl, das damit erreicht wird, bedeutet eine wundervolle Erlösung von der Furcht vor Tod, Verlust und Leiden. Solares Leben ist der Trick, mit dem man sich vorbehaltlos in den steten Strom des Daseins stürzt, sich verströmt, so intensiv lebt, wie man nur kann, und brennt, ohne sich vor dem Ausgebranntsein zu fürchten. Diesen Zustand des Verlorenseins im Leben nenne ich »ekstatische Immanenz«.

So sahen die traditionellen – oder teilweise traditionellen – Techniken religiösen Daseins aus, die ich zuvor erwähnt habe. Ihre Praxis ist Ethik. Eine weitere Gruppe werde ich unter der Überschrift »Poetische Theologie« kurz beschreiben. Unterdessen muß jetzt ein entscheidender Punkt entwickelt werden: Diese Techniken sind alle freiwillig, und das Umfeld, in dem man sie sich aneignen und praktizieren muß, ist *unschuldig*.

16 UNSCHULDIGE RELIGION?

Ich habe durchaus Verständnis dafür, wenn jemand der stark rekonstruierten Vorstellung von Religion, die ich hier vorlege, Skepsis entgegenbringt. Es scheint Religion ohne Metaphysik zu sein, Religion ohne Glaubensbekenntnis, Religion, die sich nicht mehr um ein Machtzentrum außerhalb unserer selbst konzentriert, Religion ohne eine Autoritätsstruktur und Religion ohne eine versammelte Gemeinschaft von Menschen, die sich einer klaren Trennungslinie zwischen sich, den Auserwählten und dem Rest der Menschheit sehr bewußt sind.

Anstelle alles dessen biete ich Religion nur als Werkzeugkasten an, als kleine Garnitur von Haltungen und Techniken, durch deren Anwendung wir an Selbsterkenntnis gewinnen können (das Auge Gottes); ferner können wir lernen, die Vergänglichkeit und die Unwirklichkeit unserer selbst und alles anderen zu akzeptieren (die glückselige Leere), und schließlich können wir lernen, das Leben von ganzem Herzen zu bejahen (solares Leben). Ein weiteres Thema muß jetzt noch hinzukommen, nämlich die *poetische Theologie*, die (in aller Kürze) die Erlaubnis ist, aus erhaltenen Resten von Vokabular, Ritual und Symbolik, die uns zur Verfügung stehen, nach Belieben neuen Gebrauch zu machen.

Ich habe den Verdacht, daß der Leser diese Revision der Religionsidee für den Ausdruck einer stark verengten Betrachtungsweise halten wird. Nämlich warum? Weil wir uns im Lauf von Tausenden von Jahren an ein extrem autoritäres religiöses Herrschaftssystem und an Zucht gewöhnt haben. Noch heute macht der Gedanke vielen Menschen Sorge, daß da draußen ein realer Fertig-Kosmos existiert. Sie glauben, die Welt sei so etwas wie ein Internat oder eine Strafanstalt, eine riesige Disziplinierungsanstalt, ein Ort der Bewährung, der *sowohl* über integrierte moralische Verhaltensregeln verfügt *als auch* einen eingebauten Apparat besitzt, der auf lange Sicht dafür sorgt, daß alle Regeln und Vorschriften durchgesetzt werden. Irgendwann spüren einen die eigenen Sünden auf. Der realistische Theismus hat Gott in seiner klassischen Form als unendlichen Geist dargestellt, als allmächtig, alles sehend, als ein Wesen, das alles wahrnimmt und intensiv, wirklich *intensiv* beurteilt. Vor Gott und nach Gottes Maßstab absoluter Vollkommenheit fehlt jeder einzelne von uns immer wieder aufs neue, zu jeder Zeit und überall. Für einen großen Teil der Menschheit ist das ganze Leben Tausende von Jahren lang durch Furcht und Angst verdüstert worden.

Die Nachwirkungen dieses kosmologischen Terrorismus begleiten uns bis heute. So scheinen beispielsweise die größten und mächtigsten religiösen Organisationen von heute, ob sie nun christlich oder islamisch sind, Menschen gerade wegen ihrer autoritären Struktur anzuziehen. Sie scheinen die weitverbreitete Neigung zu bestätigen, Religiosität mit fröhlicher Unterwerfung unter Herrschaft gleichzusetzen; und in ihrer Mitte tauchen auch weiterhin immer wieder Erweckungsbewegungen auf, die noch autoritärer sind. Es hat den Anschein, als würde spirituelle Macht immer mehr und mehr von sich verlangen – mehr Puritanismus, mehr Unterdrückung, mehr Grausamkeit. Auf diese Weise hat das Virus der Lust auf spirituelle Macht Erlösungs-Religionen in Maschinen zur Zerstörung des menschlichen Geistes verwandelt. Und in den neuen religiösen Bewegungen, die in den Massenmedien oft als »Kulte« bezeichnet werden, erscheinen genau die gleichen Merkmale ebenfalls immer und immer wieder.

Es mag tatsächlich sein, daß ein unterdrückendes und vernichtendes System des religiösen Terrorismus nötig war, um die Jäger und Sammler zu disziplinieren, damit sie gute Bürger der ersten Staatsgesellschaften wurden. Es kann sogar sein, daß selbst im sechzehnten und siebzehnten Jahrhundert noch eine terroristische religiöse Ideologie nötig war, um die soziale Ordnung aufrechtzuerhalten.

Johannes Calvin und seine Freunde haben offenkundig so gedacht. In Genf kritisierte Hieronymus Bolsec am 16. Oktober 1551 öffentlich die Prädestinationslehre: »Diejenigen, die Gott einen ewigen Ratschluß zuschreiben, mit dem er einige zum Leben bestimmt hat und den Rest zum Tode, machen aus ihm einen Tyrannen und sogar einen Götzen, wie es die Heiden mit Jupiter gemacht haben.« Bolsec war offenkundig ein früher Nicht-Realist, ein Kritiker der Objektivierung Gottes um der Macht willen. Damit war es unvermeidlich, daß er von Calvins Anhängern auf der Stelle festgenommen wurde (siehe Parker 1975, S. 111 ff.).

Heute sollte religiöser Terrorismus unerträglich sein, und Nietzsches großartige Lehre von der »Unschuld des Werdens« gibt dem Glück und dem Gefühl von Wiedergeborensein Ausdruck, das wir empfinden, wenn wir schließlich die alte Furcht, die Melancholie und den spirituellen Sado-Masochismus aus unserem Seelenleben verbannen. Wir sind *nicht* verantwortlich, wir sind *nicht* ständig im Unrecht, und es gibt nicht den mindesten Grund für die Annahme, daß unser gesamtes Dasein irgendwie verdorben sei:

Niemand ist dafür verantwortlich, daß er überhaupt da ist, daß er so und so beschaffen ist, daß er unter diesen Umständen, in dieser Umgebung ist. Die Fatalität seines Wesens ist nicht herauszulösen aus der Fatalität alles dessen, was war und was sein wird. Er ist *nicht* die Folge einer eignen Absicht, eines Willens, eines Zwecks, mit ihm wird *nicht* der Versuch gemacht, ein »Ideal von Mensch« oder ein »Ideal von Glück« oder ein »Ideal von Moralität« zu erreichen, – es ist absurd, sein Wesen in irgend einen Zweck hin *abwälzen* zu wollen. *Wir* haben den Begriff »Zweck« erfunden: In der Realität *fehlt* der Zweck ... Man ist nothwendig, man ist ein Stück Verhängniß, man gehört zum Ganzen, man *ist* im Ganzen, – es giebt Nichts, was unser Sein richten, messen, vergleichen, verurtheilen könnte, denn das hieße das Ganze richten, messen, vergleichen, verurtheilen ... *Aber es giebt Nichts außer dem Ganzen!* – Daß Niemand mehr verantwortlich gemacht wird, daß die Art des Seins nicht auf eine causa prima zurückgeführt werden darf, daß die Welt weder als Sensorium, noch als »Geist« eine Einheit ist, *dies erst ist die große Befreiung,* – damit erst ist die *Unschuld* des Werdens wieder hergestellt... Der Begriff »Gott« war bisher der größte *Einwand* gegen das Dasein... Wir leugnen Gott, wir leugnen die Verantwortlichkeit in Gott: *damit* erst erlösen wir die Welt. (KSA, Band 6, Götzen-Dämmerung, S. 96 f; kursiv von Nietzsche.)

So wie sich Satan am besten besiegen läßt, indem man den Glauben an ihn aufgibt, so besteht der schnelle Weg zur Rettung der Welt darin, den Glauben an all die häßlichen alten Lehren aufzugeben, die uns das Gefühl vermitteln, wir seien erbärmliche Sünder und das Leben als Ganzes sei unbefriedigend.

Ich möchte dies mit noch größerem Nachdruck als Nietzsche betonen, denn wir sollten in unserem Denken noch sprachbewußter und humanistischer sein, als er es war. Für uns gibt es nur *uns* und *all dieses*. Es gibt unsere Sprache, das Selbst, das unsere Sprache uns zu sein ermöglicht, und die Welt, die uns unsere Sprache zu bewohnen gibt. Der Glaube an verborgene Mächte ist *genauso* absurd und abergläubisch wie der Glaube, es gebe im Wörterbuch eine Menge unsichtbarer Wörter, die mit dem Sinn und den Bewegungen der sichtbaren Wörter irgendwie in Konflikt gerieten.

Nietzsche zelebriert mit großer Wortgewandtheit die Wiederherstellung der Unschuld der vergänglichen, auf Werden ausgerichteten Welt. Warum sollten wir nicht die Unschuld der Religion wiederherstellen? Warum sollte es keine Religion geben, die frei ist von Illusion, Unwahrheit und Machtanbetung?

17 DIE POETISCHE THEOLOGIE

Vor zweihundert Jahren, in den frühen Jahren der Romantik, wurde von manchen der Hoffnung Ausdruck gegeben, die Religion könne als Kunst wiedergeboren werden, da sie als Dogma gestorben sei. In einem Notizbuch aus der Zeit um 1804 hat William Blake ein anschauliches – wenn auch noch ungeschliffenes – Beispiel dieses Gedankens gegeben. Er schreibt als ein Mann, für den die poetische Phantasie eine numinose Welt-erschaffende Macht ist, die nie verdrängt oder entthront werden kann, weder durch den Spott rationalistischer Kritiker noch durch wissenschaftliche Theorien:

Spottet weiter, spottet weiter, Voltaire, Rousseau!
Spottet weiter, spottet weiter – 's ist alles vergeblich!
Ihr werft den Sand gegen den Wind,
Und der Wind weht ihn zurück.

Und jedes Sandkorn wird zu einem Edelstein,
Der sich in den göttlichen Lichtstrahlen spiegelt;
Zurückgeweht blenden sie das spottende Auge,
Doch auf Israels Pfaden leuchten sie immer noch.

Die Atome des Demokrit
Und Newtons Lichtpartikel
Sind Sandkörner am Strand des Roten Meeres,
Wo die Zelte Israels so strahlend leuchten.

In den Augen der Romantiker waren die Hauptideen der Aufklärung für die Kunst ebenso schädlich gewesen wie für die Religion, und das aus den weitgehend gleichen Gründen. Seit Descartes war eine durchgreifend entmystifizierte Weltsicht gefordert worden, die in den denkbar klarsten Begriffen Ausdruck finden sollte. Wahre Sätze müßten entweder empirische Tatsachen mitteilen oder die logischen Beziehungen zwischen klaren und eigenständigen Ideen exakt beschreiben. In der älteren Kultur war die Welt durch Sprache zusammengehalten worden, das heißt durch ein komplexes symbolisches Netz von Analogien, Entsprechungen und großen Erzählungen. Doch der Triumph des neueren Ideals bedeutete, daß für die starken, Welt-erschaffenden Nutzungsmöglichkeiten von Sprache kein Raum mehr war. In der Literatur gab es plötzlich keine Tragödien und keine epische Dichtung mehr, und die große Tradition der religiösen Kunst ging ebenfalls einfach zu Ende. Unter dem neuen Kulturregime wurde von Kunstwerken gefordert, der Vernunft durch die Korrektheit ihrer Proportionen angenehm zu sein und sich unseren Gefühlen dadurch gefällig zu zeigen, daß sie charmant und dekorativ waren. Vor allem mußte Kunst dadurch gefallen, daß sie naturgetreu war; sie konnte aber nicht so gesehen werden, als wäre sie fähig, die Realität zu verändern. Natur und Vernunft kamen immer an erster Stelle, und der Kunst blieb nur übrig, ihnen zu folgen. Sie durfte nicht vorangehen.

In einer solchen Weltsicht sieht man Sprache immer nur auf dem zweiten Platz. Sprache imitiere nur oder folge der Bahn einer vorgefertigten Ordnung der Dinge. Dieses neue, radikal vereinfachte und buchstäbliche Verständnis dessen, was Sprache ist und wozu man sie nutzen kann, hatte auf die Religion eine Wirkung, die genauso drastisch war wie ihre Wirkungen auf die Kunst. Die Menschen verloren ihr überkommenes Gefühl dafür, wie Mythen, Rituale und Symbole verschiedene Aspekte der Welt miteinander verknüpfen und so eine schlüssige Sicht des Lebens aufbauen und soziale Beziehungen strukturieren. Die Menschen konnten Phantasie und Sprache nicht mehr als wahrhaft schöpferisch erkennen. Die Phantasie, die seit langem als Satans Einfallstor zum

Geist galt, wurde mit Täuschung, Illusion, Verführung und Unwahrheit assoziiert. Nur Gott, so meinte man, konnte allein durch den Gebrauch von Sprache Realität erschaffen, und sein Werk durfte durch menschliches Handeln nicht verbessert oder korrigiert werden. Es gab nur einen Fall, in dem menschliches Handeln als reiner Schöpfungsakt bezeichnet werden konnte, und bezeichnenderweise betraf dieser Recht und Politik und nicht Kunst. Das war der jedem Juristen vertraute Fall, in dem eine souveräne Person oder Körperschaft einen neuen Status oder eine neue Institution dadurch erschafft, daß sie es einfach nur sagt. In jenen Tagen war das Gottähnlichste, was man sich beim Menschen vorstellen konnte, absolute Macht.

Vor diesem Hintergrund – mit der starken Betonung der äußerlichen religiösen Gesetzesvorschriften, dem Buchstabenglauben und der extrem vereinfachten Weltsicht der Aufklärung – wurden die religiösen Glaubensvorstellungen unter zwei Rubriken zusammengefaßt. Da gab es einmal die *rationale Theologie*, die aus einer Gesamtheit allgemeingültiger Wahrheiten bestand, die sich einfach durch philosophische Argumentation etablieren ließ; und dann gab es da noch die *offenbarte Theologie*. Diese bestand aus einer Gruppe von Lehrsätzen, die »über die Vernunft« hinausgingen und allein durch Befehl von oben geglaubt werden mußten.

Wenn die Lehrsätze der offenbarten Theologie tatsächlich über den Verstand gehen, müssen sie dann nicht auch jenseits unseres Verständnisses liegen? Manche nannten sie rätselhaft oder sogar vernunftwidrig. Die Zeit der frühen Aufklärung war jedoch auch eine Periode des Spätbarock, in der auch der Absolutismus festgefügt und gesichert war; und die Autoritäten hatten eigene Gründe dafür, bedingungslose Zustimmung zu eindeutigen Lehrsätzen zu wünschen, an denen nicht herumgedeutelt werden durfte. Somit wurde es politisch notwendig, daran festzuhalten, daß die Lehrsätze des Glaubens klar und einfach zu sein hätten. So verlangt König James I.

von England im Jahre 1628 in seiner Thronrede, die Glaubensartikel müßten in ihrem »wörtlichen und grammatikalischen Sinn« verstanden und akzeptiert werden, nämlich in ihrem »wahren, gewöhnlichen und buchstäblichen Sinn«, ihrer »einfachen und vollen Bedeutung«. Wie ein Jurist besteht der König darauf, daß es so etwas wie eine buchstäbliche Bedeutung gibt, und die setzt er an die erste Stelle.

Als die Mönche im Mittelalter den buchstäblichen Wortsinn einer Bibelstelle von dem allegorischen, dem mystischen oder irgendeinem anderen Sinn zu unterscheiden lernten, gingen sie keineswegs unfehlbar davon aus, daß der buchstäbliche Wortsinn an Ehrlichkeit und moralischer Autorität überlegen war. Wenn es in der Heiligen Schrift beispielsweise heißt, wir sollten ein Tieropfer darbringen, wird von uns keineswegs erwartet, loszugehen und ein Lamm zu opfern. Doch nach der Reformation setzten sowohl Kirchen als auch Fürsten in hohem Maße das Recht ein, um Glaubenssätze zu kontrollieren und nur eine Interpretation als die allein annehmbare durchzusetzen und andere zu verbieten. Das juristische Festhalten am Buchstaben wurde beherrschend, vielleicht besonders bei denen, die durch den Calvinismus beeinflußt waren. Die Glaubenssätze mußten als realistisch oder buchstäblich wahre Beschreibungen übernatürlicher Zustände und Ereignisse akzeptiert werden. Sie zu glauben war eine Frage rechtlicher und moralischer Pflicht, die der Autorität des Offenbarers geschuldet war. Was diesen angeht, ist er Gott oder Christus und offenbart die rettende Wahrheit durch Kanäle wie die Bibel, die Kirche, den Papst – und sogar (wie es später üblich wurde) durch persönliches religiöses Erleben.

Diese Lehrsätze zerstörten die Theologie als episches Thema und als Thema großer kultureller Bedeutung nachhaltig, weil sie dem Theologen keine wichtige Aufgabe mehr ließen außer der reinen Advokatur. Wenn die Überlieferung schon perfekt und voll ausgebildet ist, wenn die Bibel unfehlbar ist, wenn das Dogma unverrückbar feststeht, wenn der Papst unfehlbar ist und nur eine Interpretation Rechtens ist, kann von einer Neuinterpretation, einer neuen Vorstellung, einer Neuerfindung oder einer Neuprägung religiöser Glaubenssätze keine Frage mehr sein. Das System kennt schon sämtliche Antworten. Aufgabe des Theologen bleibt nur noch, uns Gründe für die Zustimmung zur Wahrheit zu liefern, indem er die unbezweifelbare Glaubwürdigkeit ihres Sprachrohrs demonstriert und zeigt, daß alle Gegner und Kritiker sich irren.

Es ist wahr, daß die Philosophen – vor allem David Hume und Immanuel Kant – die alte rationale Theologie zertrümmert haben, und ebenso wahr ist, daß die Deisten und andere rationalistische Kritiker die Glaubwürdigkeit der Offenbarung entscheidend untergraben haben; aber noch wichtiger ist es zu verstehen, in welchem Ausmaß die große Tradition des Christentums zu Beginn der Aufklärung sich durch ihre katastrophale Vernarrtheit in den Buchstabenglauben und den Einsatz purer Macht zur Kontrolle von Sprache selbst zerstört hat. Das ausgebrannte autoritäre Herrschaftssystem der römisch-katholischen Kirche von heute und der nichtssagende protestantische Fundamentalismus sind die langfristigen Konsequenzen davon. Wenn die Sprache zu eng an die Kandare genommen wird, erleidet die Religion einen langsamen Tod.

Wie wir weiter oben gesehen haben, entstand die Romantik zu einer Zeit, in der die große Tradition sowohl in der Religion als auch in der Kunst tatsächlich gestorben war.

Die – sich schon damals abzeichnende – Aussicht auf eine Uhrwerk-Kultur mechanisierter Produktion und bürokratischer Regelungen erschien den Romantikern jedoch keineswegs verlockend. Sie träumten von einem durch die schöpferische Phantasie angeführten kulturellen Neubeginn, der Religion und Kunst voll und ganz miteinander verschmelzen und eine neue Welt erschaffen würde.

Schon innerhalb der Überlieferung standen den Romantikern ein paar Bruchstücke zur Verfügung, die sie bei ihren großen Vorhaben ermutigen konnten. In der jüdischen Thora findet sich eine bekannte Passage, in der Gott zu Moses davon spricht, er habe einen Mann mit seinem Geist erfüllt, mit Weisheit und Verstand und Erkenntnis und mit aller Geschicklichkeit (2. Buch Mose, Kap. 31, Verse 1–5). Wichtiger war für die Romantiker und viele ihrer Nachfolger jedoch der ursprünglich religiöse Charakter des Theaters, besonders des griechischen. Das große revolutionäre Vorhaben der gleichzeitigen Neugründung von Kunst und Religion *als einander zugehörig* hatte in der griechischen Tragödie einen unanfechtbaren Urahn. Und damit verbunden war auch die Vorstellung von der poetischen Theologie.

Augustinus (1985, Band 1, S. 291 ff.) zitiert den spätrömischen Schriftsteller Varro, um an die Quelle dieses Gedankens zu erinnern. Varro behaupte, »es gebe drei Arten der Theologie oder der Götterlehre, nämlich einmal die mythische, sodann die physische, drittens die staatliche«. Weiter wird Varro von Augustinus zitiert: »Mythisch nennt man die Art, die sich zumeist bei den Dichtern, physisch, die sich bei den Philosophen, staatlich, die sich bei den Völkern findet.« Augustinus läßt sich an dieser Stelle auf Haarspalterei ein, wenn er sagt, die mythische Theologie könne man auch fabulierende nennen, die physische auch natürliche Theologie. Doch das geschieht nur nebenbei; Augustinus verfolgt natürlich das Ziel, die »poetische« Theologie in den Untergrund zu treiben und nach Möglichkeit für die nächsten tausend Jahre eisern unterdrückt zu halten. Da Augustinus eine eigene epische Theologie erfunden hat, möchte er sich jeden Rivalen vom Hals schaffen. Er will ein Monopol. Um den christlichen Glauben zu einem mächtigen und wirkungsvollen System sozialer Kontrolle zu machen, muß er als »Der Glaube« vergegenständlicht, dogmatisch definiert, realistisch geglaubt und gesetzlich erzwungen werden. Jedes totalitäre System haßt und fürchtet mit Recht das freie Spiel der schöpferischen Phantasie, da dies eine tödliche Bedrohung seiner Macht darstellt. Vor allem in der christlichen und der moslemischen Tradition ist ein tiefes Mißtrauen gegen die Kunst so eingefleischt, daß gewöhnliche Gläubige es längst verinnerlicht haben. Bis zum heutigen Tag bringt künstlerische Freizügigkeit bei der Behandlung »geheiligter« Themen diese Menschen mehr in Rage als sonst etwas – wie Salman Rushdie, Martin Scorsese und viele andere zu ihrem Leidwesen haben erfahren müssen.

Nach Augustinus war es der poetischen Theologie somit nicht ohne weiteres möglich, wieder auf direktem Wege in das Christentum Eingang zu finden. Die Kontrolle religiöser Sinninhalte durch die Mächtigen war zu stark. Sie fand jedoch auf anderen Wegen, nämlich indirekt, Zugang, und zwar in Gestalt der auffallend wirkungsvollen Renaissance und der Ausbeutung der klassischen Mythologie. Da die Kirche die Götter Griechenlands und Roms schon immer gehaßt hatte, würde sie jetzt keine Einwände erheben, wenn man sie lästerte. Und da sie schon immer gesagt hatte, daß die Götter eitle Betrüger gewesen seien, hatte sie nichts dagegen, daß man sie jetzt nicht-realistisch behandelte, nämlich als Allegorien oder mythische Verkörperungen moralischer menschlicher Werte.

Da die Künstler somit freie Hand hatten und ihnen Ovid persönlich versichert hatte, in der religiösen Welt neige alles zu plötzlichen Metamorphosen, konnten sie die erhaltenen literarischen und künstlerischen Überbleibsel der klassischen Antike aufgreifen und für ihre Zwecke nutzen. Mit diesem Vokabular schufen sie eine neue Ordnung – eine neue Art des Sehens, eine neue Haltung gegenüber den Sinnen dieser Welt, eine neue Sichtweise auf die Landschaft und den menschlichen Körper, ein neues Bewußtsein von den Leidenschaften und Rollenspielen, ein neues Gefühl für das menschliche Leben als Theater – kurz die frühe Neuzeit. Sie zeigten, daß eine poetische Theologie das Instrument sein kann, mit dem eine Kultur sich verwandelt und verjüngt.

Die nächste Frage liegt auf der Hand, nämlich ob auch das Christentum der gleichen Behandlung unterzogen werden könnte. Im nachhinein ist es jetzt möglich, im europäischen Christentum schon im späten Mittelalter postmoderne und poetische Züge zu erkennen. Diese zeigen sich immer dann, wenn ein religiöses Thema mit einem Anflug – oder mit mehr als nur einem Anflug – von Ironie behandelt wird, mit Satire, Selbstironie oder spielerischer Leichtigkeit. Sie zeigen sich, wenn die normalen Hierarchien und Wertvorstellungen bei Festen wie Karneval und Weihnachten verhöhnt und auf den Kopf gestellt werden. Sie zeigen sich, wenn Gläubige sich bewußt erlauben, ihre Mythen nur zum Spaß übermäßig auszuwalzen.

Solch ein spielerischer Typus poetischer Theologie war erträglich und wurde toleriert, weil sie die Autorität der Normalität, über die sie sich lustig macht, nicht untergräbt, sondern vielmehr bestätigt. In der Zeit der großen theologischen Krise (1780–1840) wurde den führenden Geistern in Deutschland und den Nachbarländern jedoch klar, daß das Christentum als Dogma *tatsächlich* gestorben war. Kant und Hegel, die Französische Revolution sowie die Jung-Hegelianer David F. Strauß, Feuerbach und Karl Marx hatten gemeinschaftlich dafür gesorgt. In welchem Fall das Christentum heute vielleicht für eine Verwandlung durch eine gründliche poetische Theologie verfügbar gewesen wäre. Sie könnte vielleicht als Kunst und in Kunst wiedergeboren werden.

Bedauerlicherweise ist das, was wir bekommen haben, erheblich weniger. Wir haben neo-mittelalterliche Einstellungen und das Wiederaufleben der Gotik: Das Christentum war abgeschafft und durch eine umfassende Stimmung schmachtender Sehnsucht nach sich selbst ersetzt worden – kurz, wir hatten die moderne Kirche. Wir bekamen Richard Wagner und das Bayreuther Festspielhaus. Und wir bekamen die

Handels- und Industriekultur des neunzehnten Jahrhunderts. Was wir aber nicht bekamen, war die Art Wiedergeburt von Religion und Kunst *in Doppelgestalt*, wovon einige Romantiker geträumt hatten.

Seit den 1880er Jahren verbesserte sich die Lage, und es kam zu einem gewissen Wiederaufleben der Romantik. Die besten jungen Künstler wurden immer selbstbewußter und lehnten eines Tages die Kunstakademien ab. 1892 kam es in München und Berlin zu Sezessionsbewegungen, in Wien im Jahre 1897. Die Kunst begann sich ganz bewußt von der etablierten sozialen und kulturellen Ordnung zu lösen. Es war nicht mehr genug, lediglich dem herrschenden Geschmack zu gefallen oder die existierende Gesellschaftsordnung mit Würde auszustatten oder zu schmücken. Der Kunst war eine höhere Aufgabe zugewiesen. Sie sollte utopisch und erlösend werden. Aufgabe des Malers war es, unsere Sichtweise der Welt und damit die Welt selbst zu verändern, aber auch die Menschen. Damit war die Moderne geboren, die von Anfang an stark religiöse Ambitionen hatte.

Hier würde meine Darstellung ein wenig von der abweichen, die Mark C. Taylor in *Disfiguring* bietet (1992b). Für Taylor ist das wichtigste religiöse Merkmal der Moderne die Hinwendung zur Abstraktion und der Negativen Theologie. Seine Darstellung umspannt also die Zeit von Cézanne über den Kubismus hin zu Mondrian, Malewitsch und Kandinsky und geht dann weiter über den abstrakten amerikanischen Expressionismus von Pollock, Rothko und Newman. Die Geschichte der Malerei endet dann sehr pessimistisch mit Anselm Kiefer. Ähnlich sieht es bei Taylors Darstellung der Architektur aus. Dort verläuft die Darstellung von Oscar Wagner und Adolf Loos über Le Corbusier, das Bauhaus bis hin zu Philip Johnson. Ja, das ist tatsächlich ein Merkmal der Moderne; es gibt jedoch noch eine weitere Geschichte, die Ende der 1880er Jahre beispielsweise mit van Gogh und der Schule von Pont-Aven beginnt (Gauguin, Bernard, Anquetin), um dann über verschiedene Symbolisten und Fauves (zum Beispiel Denis, Derain, Matisse und Vlaminck) bis zum *Blauen Reiter* und dem deutschen Expressionismus zu führen. Einige dieser Künstler hatten wie Marc Chagall Szenen aus der Bibel und dem bäuerlichen Leben gemalt, Themen, zu denen sie in ihrem Werk oft zurückkehren. Sie sind, um es in meinem Jargon zu sagen, *solar*. Sie sehen die Welt als sich verströmenden energetischen Prozeß. Sie sind zutiefst gefühlsbetont oder ausdrucksstark. Sie lieben das strahlendste Sonnenlicht und die leuchtendsten Farben. Sie praktizieren eine Form eines extrovertierten Mystizismus und glauben, daß es durch die Malerei mit den Worten William Blakes möglich sein kann, »die Türen der Wahrnehmung zu säubern und alles zu sehen, wie es ist, nämlich unendlich«. Die Bilderwelt dieser Maler stammt vorzugsweise aus dem Zirkus, dem Paradies, dem Dschungel und aus Träumen.

Im Jahre 1994 habe ich den Begriff *ekstatische Immanenz* erstmals in Verbindung mit einer religiösen Auffassung dieses Typus veröffentlicht, nur um festzustellen, daß Robert S. Corrington von der Drew University noch im selben Jahr den Ausdruck *ekstatischer Naturalismus* prägte. Unter älteren Begriffen sind etwa Carlyles *natürlicher Supernaturalismus* sowie aus den sechziger Jahren der Ausdruck *Superrealismus* zu nennen.

Die moderne Malerei verfolgte in ihrer großen Zeit, also von etwa 1885 bis 1970, ein Ziel, das den in diesem Buch dargelegten religiösen Fragen sehr nahekommt (siehe Kandinsky). Die glückselige Leere ist in der Neigung zum Abstrakt-Erhabenen und dem Minimalismus zu sehen. Solare Ethik liegt auch den Fauves und den expressionistischen Überlieferungen am Herzen. Was das Auge Gottes betrifft, findet man die klassische Methode dieses Stils von Spiritualität in der Malerei in einer Reihe von Selbstporträts, einem Genre, von dem die Moderne viele hervorragende Vertreter aufzuweisen hat.

Welche philosophische Begründung liegt der Zuversicht der Romantiker – und später der Vertreter der Moderne – zugrunde, die Welt ließe sich durch Poesie und Malerei verändern? Die Antwort ist zweifellos hauptsächlich in der Geschichte der deutschen Philosophie zu finden. Allan Megill hat dankenswerterweise den Begriff *Ästhetizismus* für eine philosophische Auffassung vorgeschlagen, die den Versuch unternimmt, »die Ästhetik zu erweitern, um das Ganze der Realität zu umfassen« (1985, S. 2). Dies bedeutet nicht einfach, daß wir die Welt nur indirekt werden fassen können so wie durch die Bewegung der Zeichen und Symbole, mit denen wir sie darzustellen suchen, sondern, stärker noch, daß die spontan schöpferische Bewegung von Zeichen und Symbolen *auch uns* hervorbringt. Sprache spricht *uns* – was, wie ich glaube, wohl bedeuten soll, daß wir selbst die schöpferische und produktive Bewegung von Sprache in uns keineswegs voll unter Kontrolle haben oder ihrer auch nur bewußt sind. Sie macht uns, sie macht die Welt; sie macht alle Dinge, macht sie aber auch rückgängig.

Ein voll entwickelter Ästhetizismus ist am deutlichsten von Nietzsche formuliert worden: Die Welt sei ein Kunstwerk, das sich selbst gebäre. Der späte Heidegger argumentiert ähnlich. Den Keim dieser Lehrsätze findet man aber schon bei Kant – oder zumindest bei Kant, wie die Romantiker ihn gelesen haben. In Kants »transzendentalem Idealismus« ist unser Wissen keine Kopie und keine Darstellung einer fertigen äußeren Welt, die vom Geist unabhängig ist. Im Gegenteil, das chaotische Rohmaterial, das uns präsentiert wird, wird nur in und durch unser Verständnis davon zu einer geformten und geordneten Welt. Unser Wissen ist in sich eine komplexe schöpferische Tätigkeit, deren Ablauf uns meist nicht bewußt wird. (Um eine moderne Parallele anzuführen: Uns ist nicht bewußt, was im Sehzentrum des Gehirns vorgeht, doch dort geschieht offenkundig eine ganze Menge.) Kant räumt in unserem Wissen auch dem Werk der Einbildungskraft einen besonderen Platz ein, denn diese müsse die Vielfalt, die ihr präsentiert wird, zusammenfügen und vereinen. Kant beeindruckte seine Romantiker-Zeitgenossen ferner dadurch, wie er in seiner *Kritik der Urteilskraft* die Autonomie der Ästhetik anerkannte.

Mit einem Wort: Die Romantiker konnten Kant mühelos so verstehen, als wollte er sie lehren, daß die Welt in und durch unser Wissen von ihr erschaffen worden sei oder sich selbst als Welt erschaffe, und das auf eine Weise, die uns weitgehend unbewußt bleibe.

Nietzsches übersteigerte Romantik macht den Willen zur Macht weitgehend zu dem, was Freud Libido nannte. Sie ist eine sich verströmende überschüssige Lebensenergie, die sich in Gestalt von Sex, künstlerischer Kreativität oder als Spiel Ausdruck verschafft: Das Musizieren sei eine andere Form des Zeugens von Kindern. Nietzsche betont wiederholt, daß religiöse und sexuelle Erregung fast ein und dasselbe seien. Deshalb überrascht es, daß er sich dem Gegenstand einer poetischen Theologie so widerwillig nähert. Warum sollten wir unsere großen religiösen Traditionen nicht so sehen, als wären sie wie Kunst-Traditionen?

Tatsächlich fühlen wir uns erst seit recht kurzer Zeit in der Lage, Theologien, systematisierte Erklärungen religiösen Glaubens, offen und explizit als Erzeugnisse der schöpferischen Phantasie zu bezeichnen (zum Beispiel Kaufman 1975, 1993; Cupitt 1994a). Wir sollten an diesem Punkt jedoch vorsichtig sein. Man sollte die volkstümliche Theologie nicht einfach umkehren und statt »Gott schuf uns nach seinem Bilde« etwa sagen »Wir schufen Gott nach unserem Bilde«, denn das wäre eine übertriebene Vereinfachung. Nietzsche spricht in einer schon erwähnten Anmerkung von dem »Kunstwerk, in dem es ohne Künstler erscheint, das heißt als Körper, als Organisation«. Es ist durchaus möglich, daß ein komplexes kulturelles Gebilde erscheint und irgendwann verschwindet, ohne daß ein bestimmtes Individuum sich bewußt ist, es persönlich entworfen oder vernichtet zu haben. (Wittgenstein führt ein ähnliches Beispiel mit Sprachspielen an. Plötzlich bemerken wir, daß ein bestimmtes Spiel nicht mehr gespielt wird, daß ein bestimmtes Wort nicht mehr benutzt wird, weil es sich irgendwie nicht mehr als nützlich erwiesen hat. Sehr oft aber planen wir diese Veränderungen nicht, wir entdecken nur, daß sie sich ereignet haben.) Folglich könnte man sagen, daß Gott sich selbst in und durch die Entwicklung unserer Sprache über ihn erschaffen habe; in den letzten Jahrhunderten hat er sich jedoch zurückgezogen, als wir entdeckten, daß wir es immer weniger nötig haben, von ihm zu sprechen.

Während Gott verblaßte, haben wir nach und nach entdeckt, daß wir inzwischen fähig geworden sind, den Theologen als einen schöpferischen Menschen anzusehen, und daß wir den Mut gewonnen haben, bei anderen Überlieferungen Anleihen zu machen. Wir sollten damit aufhören, von anderen religiösen Traditionen zu sprechen, als wären sie lebendig und bei guter Gesundheit. Sie sind es nicht. Sie erleben wie das Christentum alle einen sehr schnellen Verfall, und es steht uns frei, ihnen alles zu rauben, was uns künftig vielleicht nützlich erscheinen mag.

Ich schlage vor, daß wir uns jetzt nicht daran hindern lassen sollten, aus dem uns zur Verfügung stehenden Material auf eklektische Weise neue religiöse Sinninhalte, Praktiken und Erzählungen zu schaffen. Die poetische Theologie wird unsere Religion erfinden und neu erfinden, die alten Geschichten erzählen und neu erzählen. Zur *Theologie* wird diese poetische Theologie, indem sie uns dabei hilft, uns selbst und unser Leben mit größerer moralischer Hellsichtigkeit zu erkennen. Dies tut sie, indem sie uns zeigt, wie man »unbekümmert« an die Vergänglichkeit allen Seins denkt und leidenschaftlich lebt.

Auf der ganzen Welt lernen Schulkinder heute weitgehend nach den gleichen Lehrplänen: Englisch, Mathematik, Naturwissenschaften und Technologie. Das Transportwesen, Kommunikation, Finanz- und Rohstoffmärkte, ja sogar das Nachrichtengeschäft und Unterhaltung sind fast vollständig globalisiert. Überall findet man in den Städten fast die gleichen Einrichtungen – die Bank, das Krankenhaus, das Kraftwerk, den Rundfunk- und Fernsehsender, die Universität, das Bürohochhaus –; in allen werden weitgehend die gleichen Fähigkeiten benötigt, und alle beruhen weitgehend auf dem gleichen Basiswissen. Heute ist eine einzige kontinuierliche Weltkultur dabei, sich rasend schnell zu konsolidieren.

Diese neue Weltkultur ist säkular und zunehmend transnational. In ihr vernehmen wir die Sprache des Nationalismus und der Religion nur noch von den Menschen, welche die Veränderungen, die jetzt stattfinden, am meisten fürchten und sich am hartnäckigsten darum bemühen, sich ihnen zu widersetzen. Sie fürchten, der Vergessenheit anheimzufallen, weil sie den Verdacht haben, daß sie und alles, wofür sie gestanden haben – ihre Welt, ihre Glaubensvorstellungen und Werte, ihre Identität –, schon in kurzer Zeit unbeweint verschwinden werden und in vollständige Vergessenheit geraten. In der Hoffnung, ihre eigenständige Identität zu bestätigen und länger zu erhalten, schlagen sie auf die Trommeln, schließen ihre Reihen fester und nehmen eine permanente Kampfhaltung ein. Doch wie lange können sie standhalten? Auf dem indischen Subkontinent mögen Hindus auf Sri Lanka gegen Buddhisten kämpfen und im Nordwesten gegen Sikhs und Moslems. In den riesigen Territorien dazwischen beginnt Indien jedoch, sich mit großer Geschwindigkeit zu modernisieren, und die Zeit ist nicht mehr fern, in der die Stimme der Märkte, die nach Frieden und Stabilität verlangt, lauter sein wird als die Stimme der alten Götter, die Krieg fordert.

Es ist sehr eigenartig, daß Gott und Mammon in ethischer Hinsicht die Plätze getauscht haben. Mammon ist Internationalist. Er wünscht, daß die Menschen gesund und gut ausgebildet sind. Er will Frieden und Stabilität, Fortschritt und allgemeinen Wohlstand. Im Gegensatz dazu scheint Gott (besonders im Nahen Osten) zu einem Moloch geworden zu sein, der Unwissenheit fordert, Armut und Krieg. Die Vier Reiter der Apokalypse mögen für Menschen zwar sehr schlecht sein, für Gott aber sind sie sehr gut.

Wird es eine neue, globalisierte *Welt*-Religion geben, kann es eine geben, die *nicht* so funktioniert, daß sie die Menschheit in ein Wir und ein Sie teilt, sondern einem sich abzeichnenden kollektiven Bewußtsein von der Einheit der ganzen menschlichen Rasse mit unserer gemeinsamen Welt Ausdruck gibt?

Vor hundert oder zweihundert Jahren hielten die Menschen dies noch für möglich. Verschiedene Denker seit Leibniz waren von der starken moralischen Solidarität asiatischer Gesellschaften beeindruckt, und seit Schopenhauer sind viele auch auf die Analogien zwischen der Geschichte der indischen und der westlichen Philosophie aufmerksam geworden. Noch bis zur Generation der W. E. Hocking, Aldous Huxley und Arnold Toynbee haben einige auf eine religiöse Einigung der menschlichen Rasse unter der Ägide von so etwas wie der immerwährenden Philosophie gehofft.

Diesen Ansatz hat man jetzt aufgegeben. Hockings bekannter Bericht *Rethinking Missions* (1932), der für eine beinahe synkretistische Annäherung an die asiatischen Traditionen eintrat, wurde von Hendrik Kraemer in *The Christian Message in a Non-Christian World* (1938) scharf zurückgewiesen. Ganz allgemein läßt sich sagen, daß seitdem *alle* großen Religionen eher den Weg des Unterschieds oder der Trennung gewählt haben als den der Verschmelzung. Wichtiger noch: Mit dem Ende sowohl des metaphysischen wie des moralischen Realismus ist die postmoderne Welt spürbar postphilosophisch geworden. Ohne ein von allen verstandenes philosophisches Vokabular können die traditionellen Religionen der Menschheit jetzt nur noch als Fundamentalismen überleben – und genau das sind sie weitgehend geworden.

Für uns andere scheint demnach nur noch ein durchgreifender freizügiger Pluralismus zu bleiben. Wenn es tatsächlich keine einzige große Wahrheit mehr gibt, die als Grundlage für ein künftiges, weltweit anerkanntes, gemeinsames, menschliches religiöses Bewußtsein dienen könnte, und wenn es auch keine wahre Moral mehr gibt, dann hat Nietzsche vielleicht recht, dann sind unsere Wahrheiten tatsächlich nichts weiter als »diese Illusionen, ohne die wir nicht leben können«. Was für alle Menschen gilt, ist das, was ihnen ein Gefühl von größerer Stärke, Selbstvertrauen und Vitalität gibt (siehe auch Nietzsche). Vielleicht gibt es eine beliebige Zahl solcher subjektiver Wahrheiten. In diesem Fall müßte man wohl glücklich sein mitanzusehen, wie die rund dreitausend neuen religiösen Bewegungen, die rund eintausend »New Age«-Gruppen und die Hunderte von Sekten der verschiedenen großen Glaubensbekenntnisse in den Ländern des Westens heute blühen und gedeihen. Wenn ihre Glaubensvorstellungen ihnen das erwünschte Ergebnis bringen, ist ihr Glaube für sie wahr; und da es in der Welt keine unabhängige Wahrheit gibt und wir alle völlige Freiheit haben, unsere Welten so zu bauen, wie es uns am besten erscheint, fehlt uns jede Grundlage dafür, die Welten anderer Menschen irrational zu nennen. Laßt hundert Blumen blühen! Der alte reflektierende Typus von Rationalität, der sich dadurch auszeichnete, daß sich der menschliche Geist mit den Dingen abfand, wie sie nun einmal waren, ist tot. Es *gibt* keine vorgefertigte oder vorher festgelegte Wahrheit. Welche Sichtweise man auch zugrunde legt, die Welt muß der Interpretation durch eine große Zahl völlig verschiedener religiöser Glaubensbekenntnisse und kultureller Perspektiven zugänglich sein, damit jedes Glaubensbekenntnis seine Anhänger zufriedenstellen kann. Warum sollten sie also nicht alle friedlich miteinander koexistieren, so wie auch völlig verschiedene moderne Kunstwerke in der Kunstgalerie friedlich nebeneinander hängen?

Der kalifornische, ja der *sehr* kalifornische Wissenschaftsphilosoph Paul Feyerabend (1976) ist in diesem Sinne für das eingetreten, was er eine »anarchistische Wissenstheorie« nannte, womit er tatsächlich *wissenschaftliches* Wissen meinte. Weder ein Philosoph noch sonst jemand hat das Recht, im voraus festzusetzen, was als authentisch wissenschaftliche Methode gelten darf oder wo die Grenze zwischen Wissenschaft und Nicht-Wissenschaft zu ziehen sei. Alle Überlegungen dieser Art sind unzulässig. Jeder Versuch, im voraus Regeln festzulegen, fordert nur zu Übertretungen heraus – was im Fall der Kunst jedem bekannt ist, aber auch im Fall der Religion und (Feyerabend zufolge) sogar im Fall der Wissenschaft zutrifft. Hat es nicht zahlreiche historische Beispiele äußerst hochgelehrter Dummköpfe gegeben, die Wissenschaftstheorien wie etwa die von der Transmutation der Arten, die allgemeine Relativitäts- und die Quantentheorie als erkenntniswidrig ausschließen wollten?

Habe ich in diesem Buch den gleichen Fehler gemacht? Habe ich versucht, a priori das Wesen eines zukünftigen Weltglaubens zu beschreiben, wo doch die Zukunft aufgrund meiner anti-realistischen Annahmen zunehmend eher der Art formloser Anarchie gleichen wird, die wir schon jetzt erleben? Wir besitzen keine objektive Rechtfertigung dafür, daß uns die Vielfalt und das Übermaß an moderner Kunst quälend erscheint, und keinerlei objektive Kriterien, die uns berechtigten, einzuschreiten und mit Recht und Gesetz gegen diese Art von Kunst vorzugehen; und mit genausowenig objektivem Recht dürfen wir uns durch die Vielfalt und das Übermaß an modernen religiösen Ausdrucksformen gequält fühlen, und es gibt auch keine wahrhaft objektiven Kriterien, die uns dazu berechtigten, diesen religiösen Erscheinungsformen eine uns gemäße intellektuelle Ordnung aufzuzwingen. Warum sollte es denn *keine* Anarchie geben?

In Erwiderung auf diese wichtige Frage habe ich drei Dinge gesagt.

Erstens: Wir sind erst vor relativ kurzer Zeit aus fünf bis sieben Jahrtausenden einer landwirtschaftlich geprägten Zivilisation hervorgegangen. Während dieser sehr langen Periode gründete das menschliche Leben auf einer gemeinsamen Sicht der kosmischen Ordnung, und das menschliche Verhalten wurde durch Gesetze bestimmt, die aus einem unerhört starken heiligen Zentrum hervorgingen. Wir gewöhnten uns daran, daß die moralische Ordnung und alle unsere Wertvorstellungen für uns festgelegt wurden: Alles war schon wohlbegründet, vertraut, und auch das Leben war fest gegründet und geleitet. Jetzt haben wir plötzlich all das verloren und fühlen uns zutiefst desorientiert, als würden wir frei im Raum schweben.

Zweitens: Ferner habe ich vorgeschlagen, daß wir es zumindest während der Übergangsperiode hilfreich finden könnten, einige unserer althergebrachten religiösen Praktiken und Einstellungen zu behalten. Ich habe für eine nichtrealistische Fortschreibung der uralten Gewohnheit, uns selbst und unser Leben sozusagen aus dem Blickwinkel Gottes zu betrachten, den Ausdruck »Auge Gottes« verwendet. Das altgewohnte Leben *coram Deo* (wie vor dem Angesicht Gottes) war insofern wertvoll, als es das Bewußtsein hob und überdies stabilisierend auf die Moral einwirkte. Es könnte durchaus nützlich sein, wenn jemand weiterhin zu Gott betet, so wie man sich oft dabei ertappt, daß man mit einem toten Menschen spricht und an ihn denkt. Ich habe für eine Praxis, die der buddhistischen Meditation oder dem kontemplativen Gebet von Christen ähnelt, den Ausdruck »glückselige

Leere« verwendet. Wir warten stumm darauf, daß der von Angst getriebene Strom der Sprache sich verlangsamt, bis wir vollkommen entspannt sind. Die Welt entkrampft sich. Wir treten in einen Zustand leerer, nichtiger Glückseligkeit ein. Ist dies Gott? Ist dies das absolute Nichts? Ist es der Tod? Es kommt nicht darauf an. Es kommt auf nichts an.

Drittens: Für die Rückkehr von der Meditation ins aktive Leben habe ich den Ausdruck solares Leben verwendet, um eine expressive Ethik der Selbstentäußerung, des Selbstverströmens und der Selbstpreisgabe zu bezeichnen. Wir fürchten uns nicht mehr vor dem Sterben oder davor, uns zu verraten. Wir verströmen uns bedenkenlos in symbolischen Ausdruck und schreiten dann immer weiter, bis wir ohne jedes Bedauern sterben.

Ich habe noch ein viertes Thema hinzugefügt, die poetische Theologie. Sie bedeutet, daß wir uns so betrachten sollten, als hätten wir freie Hand, die alten Geschichten auf neue Weise zu erzählen. In mehreren aufeinanderfolgenden Generationen hat Hollywood mit dem Wandel der sozialen Werte den Western-Mythos mehrmals neu erzählt und ihn dabei mit neuen Werten ausgestattet. Tatsächlich ist jedes Genre ein Mythos, der fortlaufend revidiert wird, und wir sollten die Schriftsteller und Filmemacher, die sich daranmachen, in ähnlicher Weise die Geschichte von Jesus neu zu gestalten, unterstützen und nicht als Gotteslästerer verdammen. Warum sollten sie sich nicht etwas Neues ausdenken? So etwas wie Blasphemie gibt es nicht.

Das fünfte Thema, Weltreligion, ist das schwierigste. Ich habe ihm den Weg geebnet, indem ich erstens argumentiert habe, daß Philosophie in Zukunft vollständig naturalistisch oder diesseitig sein wird; daß wir uns zweitens in einer globalisierten Welt endgültig von all jenen überkommenen Denkweisen freimachen müssen, die Religion dadurch konstruieren, daß sie Uns in allen Lebenssphären von Denen trennen, so wie das Heilige von seinem unreinen und ausgeschlossenen Anderen; und da wir drittens zu keiner vollkommen unabhängigen Weltordnung oder moralischen Ordnung Zugang haben, sollten wir den alten dogmatischen Realismus aufgeben und statt dessen eine expressive oder »ästhetisierende« Sicht von der Welt und unserem Leben annehmen.

Obwohl es auf der Hand liegt, bleibt es eigentümlich schwierig anzuerkennen, daß *wir uns das alles ausgedacht haben.* Wir haben das gesamte Gedankengebäude entwickelt Wir haben langsam unsere Sprachen entwickelt, unsere Werte, unsere Wissenssysteme, unsere Religionen und unsere Weltsichten. Wir haben sogar unser subjektives Bewußtsein entwickelt, weil der Glanz und das Bewußtsein bewußter Erfahrung ein Nebenprodukt von Sprache ist.

Betrachten Sie einmal Ihr gegenwärtiges Blickfeld. Was Sie vor sich sehen, wird bis ins kleinste Detail von Kultur und Sprache eingerahmt und geformt; eingerahmt von kulturellen Kategorien und gesehen im Licht von Theorien, geformt durch Wörter und gefärbt durch unsere Gefühle und Bewertungen. Unsere Welt ist unsere eigene Selbst-Objektivierung.

Um uns herum sehen wir das akkumulierte Produkt, die »Objektivität« unserer Geschichte. Sprache spiegelt wider, was ich meine. So verstehen wir beispielsweise unter *Frankreich* sowohl ein Volk als auch das Land und die kulturelle Tradition, die soziale Welt, die dieses Volk um sich errichtet hat. Das Geburtsland eines Menschen, sein Zuhause, seine Familie, sein *Œuvre*, seine Welt, das alles ist seine »Objektivität«, das Gesamtprodukt seiner selbst-expressiven Lebenstätigkeit mit anderen. Insoweit als meine Welt, meine Objektivität schön ist, freue ich mich darauf, mein Leben zu verströmen und in es hinein zu sterben; insoweit es häßlich, ungerecht und beraubt ist, ist es ein Strafgericht über mich und mein Leben, und ich muß danach streben, mein Leben in Ordnung zu bringen.

Vor diesem Hintergrund können wir sehen, was eine Weltreligion sein könnte. Sie ergibt sich aus der neuen postkantianischen, post-romantischen Vision von dem Selbst, das keine spirituelle Substanz ist, die sich für die Ewigkeit reinigt, sondern ein solarer Prozeß, der sich in seiner Welt in symbolischen Ausdruck ergießt. Bemühen Sie sich darum, Ihr Blickfeld als Ihr eigenes Kunstwerk zu sehen, dann werden Sie verstehen, was ich meine. Erstaunlicherweise erweisen sich Umwelt-Ethik und postmoderne Spiritualität am Ende als deckungsgleich. Unser spirituelles Leben, unser Streben nach Erlösung und unsere Welt-erschaffende Tätigkeit – all das erweist sich als ein und dasselbe. Es gibt *tatsächlich* eine intime Beziehung zwischen Psychologie und Kosmologie, unserer inneren Natur und unserer Objektivität, zwischen Mikrokosmos und Makrokosmos.

Langfristig wollen wir folglich, daß Religion zu einer einigenden, expressiven Tätigkeit wird, mit deren Hilfe wir uns orientieren und zugleich unsere gemeinsame Welt errichten können. Es wäre jedoch falsch, dieses Buch zu beschließen, ohne das kurzfristige Problem zu erwähnen: Was tun wir, bis es soweit ist?

Noch bis vor kurzem war die menschliche Welt in ein halbes Dutzend großer Kulturregionen unterteilt, von denen jede ihr eigenes alteingesessenes religiöses Vokabular besaß. Jetzt wird die Kultur urplötzlich voll globalisiert; wir haben aber noch kein weltweites religiöses Vokabular. Woran soll sich der einzelne religiöse Mensch halten, bis sich ein solcher Wortschatz entwickelt?

Auf kurze Sicht ist es am besten, wenn jeder weiterhin seinen lokalen und traditionellen Glauben praktiziert, allerdings auf einer *strikt* nicht-realistischen oder konsequent entmythologisierten Grundlage. So glauben etwa viele Mitglieder der Bewegung »Sea of Faith« (religiöse Radikale; siehe das 12. Kapitel) an ein nicht-realistisches Verständnis des Christentums, etwa wie folgt:

1. Gott ist das »religiöse Ideal« – das heißt ein einigendes Symbol unserer gemeinsamen Werte und des Ziels des religiösen Lebens.
2. Der Gott der Christen ist Liebe – das heißt die christliche Spezifikation des religiösen Ideals weist der Liebe Gottes (der desinteressierten oder »solaren« Liebe) den höchsten Wert zu.
3. Wir sehen die Liebe in Jesus Menschengestalt annehmen – in den Geschichten von ihm und über ihn sowie in den verschiedenen belehrenden und anderen Geschichten, die sich in der Folgezeit um ihn gerankt haben.

Diese minimalistische Version christlicher Theologie leitet sich von der großen deutschen protestantischen Tradition Immanuel Kants und der Ritschlianer her. Sie bietet eine Grundlage, auf der man weiterhin (eine Art) Christ sein kann, ohne irgendwelche unwahren oder irrationalen Glaubensvorstellungen bekennen zu müssen.

Auch andere Glaubensbekenntnisse können auf ähnlich vorläufige Weise praktiziert werden. Noch wichtiger aber ist es, unverzüglich mit der Entwicklung eines neuen Weltglaubens zu beginnen.

Die Darstellung, die ich vor einiger Zeit vorgelegt habe (1994, 1995a, 1995b), beschreibt den philosophischen Kern einer neuen Weltreligion als eine neue Möglichkeit, unsere Beziehung zu der Welt unserer gemeinsamen Erfahrung zu fühlen und zu leben:

> Entleeren Sie sich über die Welt durch Ihre Augen, so wie es ein Maler tut. Spüren Sie, wie Welt-Energien in Ihnen emporquellen und Sie unterstützen und wie Ihnen dafür Sprache entströmt, um die Welt Ihrer Erfahrung zu formen, zu organisieren, bewußt zu machen und auszuschmücken. So strömt die Welt von Augenblick zu Augenblick in unserer Lebens-Tätigkeit hervor. (1995b, S.19.)

Jetzt ergibt sich eine offenkundige Schwierigkeit. Diese vollkommen neue Art von Religion ist nicht nur sehr schwer zu erklären, sondern es könnte einem auch passieren, daß selbst enge Freunde und Verbündete diese Gedanken nicht als Religion erkennen können.

Wenn man sich vor dieses Problem gestellt sieht, könnte man sich versucht fühlen, zu dem Schluß zu kommen, daß kein vollkommen neues Gerüst oder neues begriffliches Regelwerk für Religion darauf hoffen kann, verstanden zu werden, bis der Verfall der alten Glaubensbekenntnisse viel weiter fortgeschritten ist, als es heute der Fall ist.

Ich bin nicht dieser Meinung. Ich finde, daß wir uns beeilen müssen. Wenn nicht schnell etwas Neues auf den Weg gebracht wird, fürchte ich, daß der Prozeß der Postmodernisierung dann schon so weit fortgeschritten und so zerstörerisch geworden sein wird, daß es zu spät ist.

LITERATURVERZEICHNIS

Akizuki, Ryomin, *New Mahayana: Buddhism for a Post-Modern World,* Asian Humanities Press, Berkeley, Cal., 1990.

Armstrong, A.H. und Markus, R.A., *Christian Faith and Greek Philosophy,* Darton, Longman und Todd, London, 1960.

Augustinus, Aurelius, *Vom Gottesstaat,* 2 Bde., Deutscher Taschenbuchverlag, München, 2. Aufl. 1985.

Banton, Michael, (Hrsg.) *Anthropological Approaches to the Study of Religion,* Tavistock Publications, London/New York, 1966.

Barthes, Roland, *Mythen des Alltags,* Suhrkamp, Frankfurt/Main, 1964.

Bloch, Maurice, *Prey into Hunter: The Politics of Religious Experience,* Cambridge University Press, Cambridge, 1992.

Bloom, Harold, *The Book of J.,* Faber, London, 1991.

Burke, Peter, *History and Social Theory,* Polity Press, Cambridge, 1992.

Carter, Robert E. (Hrsg.), *God, the Self and Nothingness: Reflections Eastern and Western*, Paragon House, New York, 1990.

Cassirer, Ernst, *Versuch über den Menschen: Einführung in eine Philosophie der Kultur,* S. Fischer, Frankfurt/Main, 1992.

Cassirer, Ernst, *Sprache und Mythos, Ein Beitrag zum Problem der Götternamen*, Teubner, Leipzig/Berlin, 1925.

Cochrane, C.N., *Christianity and Classical Culture,* Oxford University Press, Oxford, 1943.

Collingwood, R.G., *An Essay on Metaphysics,* Oxford University Press, Oxford, 1940.

Corrington, Robert S., *Ecstatic Naturalism: Signs of the World*, Indiana University Press, Bloomington/Indiana, 1994.

Cupitt, Don, *Taking Leave of God,* SCM Press, London, 1993.

Cupitt, Don, *The Sea of Faith*, 2., rev. Aufl., SCM Press, London, 1994a.

Cupitt, Don, *After All: Religion Without Alienation,* SCM Press, London, 1994b.

Cupitt, Don, *Solar Ethics,* SCM Press, London, 1995 a.

Cupitt, Don, *The Last Philosophy,* SCM Press, London, 1995 b.

De Burgh, W.G., *The Legacy of the Ancient World,* Macdonald, London, 1923.

Eliade, Mircea, *Der Mythos der ewigen Wiederkehr*, Diederichs, Düsseldorf, 1953.

Evans, Gillian R., Mittelalter in: Stead, Christopher (Hrsg.), *Philosophie und Theologie,* 2. Bd., Kohlhammer, Stuttgart/Berlin/Köln, 1990.

Evans-Pritchard, E.E., *Nuer Religion,* Oxford University Press, Oxford, 1956.

Feyerabend, Paul K., *Wider den Methodenzwang: Skizze einer anarchistischen Erkenntnistheorie*, Suhrkamp, Frankfurt/Main, 1976.

Foucault, Michel (u.a.), *Technologien des Selbst,* S. Fischer, Frankfurt/Main, 1993.

Freeman, Anthony, *God in Us: A Case for Christian Humanism,* SCM Press, London, 1993.

Geering, L.G., *Faith's New Age,* Collins, London, 1980.

Geering, L.G., *Tomorrow's God*, Bridget Williams Books, Wellington/Neuseeland, 1994.

Gillespie, Michael Allen, *Nihilism Before Nietzsche,* University of Chicago Press, Chicago, 1995.

Goodman, Nelson, *Weisen der Welterzeugung,* Suhrkamp, Frankfurt/Main, 1993.

Guthrie, Stewart Elliott, *Faces in the Clouds: A New Theory of Religion,* Oxford University Press, New York, 1993.

Hamilton, Malcolm, *The Sociology of Religion: Theoretical and Comparative Perspectives,* Routledge, London/New York, 1995.

Harland, Richard, *Superstructuralism*, Methuen, London, 1987.

Harvey, David, *The Condition of Postmodernity*, Blackwell, Oxford, 1989.

Heidegger, Martin, Werke, Gesamtausgabe, Bd. 40, *Einführung in die Metaphysik,* Klostermann, Frankfurt/Main 1983.

Hick, John, *Religion: Die menschlichen Antworten auf die Frage nach Leben und Tod,* Diederichs, München, 1996.

Hinnells, John R. (Hrsg.), *A Handbook of Living Religions,* Penguin, London/New York, 1985.

Hocking, W. E., *Re-thinking Missions*, Harper and Row, New York, 1932.

Horton, Robin, »African Traditional Thought and Western Science« in: *Rationality*, hrsg. v. Bryan R. Wilson, Blackwell, Oxford, 1970, S. 131-171.

Jacobsen, Thorkild, *The Treasures of Darkness: A History of Mesopotamian Religion*, Yale University Press, New Haven/London, 1976.

Jung, C. G., *Antwort auf Hiob*, Zürich, 1961.

Kandinsky, Wassily, *Über das Geistige in der Kunst*, Benteli Verlag, Bern, 1952.

Kant, Immanuel, Werke in sechs Bänden, Band 2, *Kritik der reinen Vernunft*, sowie Band 4, *Kritik der Urteilskraft*, Könemann, Köln, 1995. (Der Text dieser Ausgabe folgt der Ausgabe von Kants gesammelten Schriften, herausgegeben von der Königlich Preußischen Akademie der Wissenschaften, Berlin 1902/10.)

Karim, Wazir-Jahan, *Ma'Betisék Concepts of Living Things*, Athlone Press, London, 1981.

Kaufman, Gordon D., *An Essay on Theological Method*, Scholars Press, Atlanta, 1975.

Kaufman, Gordon D., *In Face of Mystery: A Constructive Theology*, Harvard University Press, Cambridge, Mass. 1993.

Kelly, C. F., *Meister Eckhart on Divine Knowledge*, Yale University Press, New Haven, 1977.

Keppel, Gilles, *The Revenge of God: The Resurgence of Judaism, Christianity and Islam in the Modern World*, Polity Press, Cambridge, 1994.

Kierkegaard, Søren, *Abschließende unwissenschaftliche Nachschrift zu den philosophischen Brocken*, Gesammelte Werke, 16. Abteilung, Diederichs, Düsseldorf, 1957/58.

Kierkegaard, Søren, *Der Liebe Tun*, Gesammelte Werke, 19. Abteilung, Diederichs, Düsseldorf/Köln, 1966.

Kraemer, Hendrik, *The Christian Message in a Non-Christian World*, Harper and Row, New York, 1938.

Kroker, Arthur und Cook, David, *The Post-Modern Scene: Excremental Culture and Hyperaesthetics*, Macmillan, London, 1988.

Lecercle, Jean-Jacques, *Philosophy Through the Looking-Glass: Language, Nonsense, Desire,* Hutchinson, London, 1985.

Lessa, William A. und Evon, Z. Vogt, *Reader in Comparative Religion: An Anthropological Approach,* Harper, New York, 3. Aufl. 1972.

Lévi-Strauss, Claude, *Das Ende des Totemismus,* Suhrkamp, Frankfurt/Main, 1997.

Lindbeck, George, *The Nature of Doctrine: Religion and Theology in a Postliberal Age,* Westminster Press, Philadelphia, 1984.

Ling, Trevor, *A History of Religion East and West,* Macmillan, London, 1968.

Megill, Allen, *Prophets of Extremity: Nietzsche, Heidegger, Foucault, Derrida,* University of California Press, Berkeley, 1985.

Miles, Jack, *Gott: eine Biographie,* Wissenschaftliche Buchgesellschaft, Darmstadt, 1997.

Moorey, P. R. S., *The Ancient Near East,* Ashmolean Museum, Oxford, 1987.

Morris, Brian, *Anthropological Studies of Religion,* Cambridge University Press, Cambridge, 1987.

Murdoch, Iris, *The Time of the Angels,* Chatto and Windus, London, 1966.

Murray, James A. H. Beg, *A New English Dictionary on Historical Principles,* Bd. 1, Oxford University Press, Oxford, 1888.

Niebuhr, H. Richard, *Christ and Culture*, Faber and Faber, London, 1952.

Nietzsche, Friedrich, Kritische Studienausgabe, Herausgegeben von Giorgio Colli und Mazzino Montinari, Bd. 6, *Götzen-Dämmerung,* Deutscher Taschenbuchverlag/de Gruyter, München, 1999.

Otto, Rudolf, *Das Heilige,* Biederstein, München, 1947.

Parker, T. H. L., *John Calvin: A Biography*, J. M. Dent, London, 1975.

Parry, J. H., *Europe and a Wider World, 1415–1715,* Hutchinson University Library, London, 1949.

Phillips, D. Z., *Wittgenstein and Religion*, Macmillan, London, 1993.

Phillips, J. R. S., *The Medieval Expansion of Europe,* Oxford University Press, Oxford, 1988.

De Polignac, François, *Cults, Territory, and the Origins of the Greek City-State,* University of Chicago Press, Chicago, 1995.

Pritchard, J.B., *Ancient Near-Eastern Texts Relating to the Old Testament,* Princeton University Press, Princeton, 3. Aufl. 1969.

Renfrew, Colin, *Archaeology and Language: The Puzzle of Indo-European Origins,* Jonathan Cape, London, 1987.

Renfrew, Colin und Zubrow, Ezra B.W. (Hrsg.), *The Ancient Mind: Elements of Cognitive Archaeology,* Cambridge University Press, Cambridge, 1994.

Rorty, Richard, *Consequences of Pragmatism,* Harvester Press, Brighton, 1982.

Rorty, Richard, *Essays on Heidegger and Others: Philosophical Papers,* Bd. 2, Cambridge University Press, Cambridge, 1991.

Sandars, N.K., *The Epic of Gilgamesh: An English Version with an Introduction,* Penguin, London, 1972.

Serres, Michel, *Angels: A Modern Myth,* Flammarion, Paris/New York, 1995.

Smart, Ninian, *The World's Religions*, Cambridge University Press, Cambridge, 1989.

Smith, W. Cantwell, *The Meaning and End of Religion,* Macmillan, London/New York, 1963.

Stark, R. / Bainbridge, W., *A Theory of Religion,* Lang, New York, 1987.

Sutherland, Stewart, R., *God, Jesus and Belief*, Blackwell, Oxford, 1984.

Sutherland, Stewart / Houlden, Leslie / Clarke, Peter und Hardy, Friedhelm (Hrsg.), *The World's Religions,* Routledge, London, 1988.

Taylor, Mark C., »Reframing Postmodernisms« in: *Shadow of Spirit: Postmodernism and Religion,* hrsg. v. Berry, Philippa und Wernick, Andrew, Routledge, London/New York, 1992 a.

Taylor, Mark C., *Disfiguring: Art, Architecture, Religion,* University of Chicago Press, Chicago, 1992 b.

Tillich, Paul, *The Protestant Era,* Nisbet, London, 1951.

Tillich, Paul, *Religion, Kultur, Gesellschaft, Unveröffentlichte Texte aus der deutschen Zeit (1908–33),* 2 Bde., de Gruyter, Berlin, 1999.

Tylor, Edward B., *Primitive Culture,* 2 Bde., John Murray, London, 1871.

Urmson, J. O., *The Greek Philosophical Vocabulary,* Duckworth, London, 1990.

Ward, Keith, *Religion and Revelation*, Clarendon Press, Oxford, 1994.

Alain Finkielkraut:
Verlust der Menschlichkeit
Versuch über das 20. Jahrhundert
Aus dem Französischen von Susanne Schaper
176 Seiten, gebunden, ISBN 3-608-91903-1

Die großen Visionen von Menschlichkeit und Menschheit wurden im 20. Jahrhundert durch Doktrin und Terror in ihr Gegenteil verkehrt, die Menschen wurden einem pervertierten Endzweck geopfert. Und heute? Ist der globale Tourist der letzte Reflex auf den »Verlust der Menschlichkeit«?
Die Visionen von Menschlichkeit und Menschheit haben Epochen bestimmt, Generationen mitgerissen. Wie und warum konnten sie in ihr Gegenteil verkehrt werden? Alain Finkielkraut entwirft ihre Ideen-Geschichte, um seine These vom »Verlust der Menschlichkeit« zu belegen. Das Grauen und das Entsetzen, das die beiden Weltkriege, das Nationalsozialismus und Stalinismus im 20. Jahrhundert verbreitet haben, entsprechen einander. Die Ideen von Menschlichkeit und Menschheit – so die These von Finkielkraut – können nicht unschuldig weiterverfolgt werden.

Franz Josef Wetz
Die Kunst der Resignation
192 Seiten, gebunden, ISBN 3-608-94252-1

Sinn, Sinnlosigkeit und Unsinn gehören zu den mißbrauchten Wörtern, mit denen unsere Zeit den Geist quält. Wie oft ist die Rede von Sinnkrise, dem Verfall ewiger Werte und dem Ende der großen Sinngeschichten.
Franz Josef Wetz zeigt Auswege aus der Sinnkrise der Moderne auf. Er verfällt dabei weder den Götzen unserer gottverlassenen Zeit noch dem Nihilismus, sondern empfiehlt eine Kunst der Resignation: Ohne Sinn – und trotzdem glücklich.

Klett-Cotta